プロの教えの「盲点」をつく
ゴルフ　夢の上達スウィング

梅本　晃一

文芸社

まえがき

「どんなにゴルフの本を読んでも、何年ゴルフをやっても上達できない、上手く飛ばせない」

この本は、大多数のゴルファーが持つ永年の悩みを、読者のどなたにもできる身近なやり方で、あっさりと解消するようにして差し上げるものです。

加えて、「我がゴルフ人生の全盛時代は70代！　80代、90代もその延長上」などと、上達したゴルフが年を取っても下手にならず、ずっと永く楽しめる、そんな将来への明るい光も感じられる方向へもご案内するものです。

ゴルフが日本に入ってきて以来100年以上にわたって、プロなどの手によって無数のゴルフの技術書が数多くの出版社から出版され続けてきています。

その一方で、それらの本を何冊読んでも、何年ゴルフをやっても、上達できない、うまく飛ばせないなどと、大多数のゴルファーがゴルフをことさらに難しいものとし、苦労し、苦戦を続けてきているようです。

それらの本には、ほぼ共通した、プロゆえの「教えの盲点」があり、「それが、アマチュアゴルファーの上達を致命的に阻んでいた」のです。

これまで無数に出されてきたゴルフの技術書などで、打ち方や飛ばし方などの「方法」については、ほとんどのゴルファーがすでにご存知のはずです。しかし「それで上手くいかない」というゴルファーが大多数でしょう。この本で、「なぜ、上手くいかないのか」も、「教えの100年の盲点」を具体的に指摘しながら現実的に解き明かします。それで、「なぜ上手くいかないのか」の原因が正しくつかめ、それがつかめた人はゴルフが易しく感じられるようになり、上達も楽に進み出すのです。そして、読者それぞれの「なぜ」も、原因は、「教えの盲点のせいだった」と分かるようになり、分かれば、「月イチでも70台!」などと、80台、70台のスコアを「普通と感じる」方向へと、上達が革新的に進み出します。「飛ばせるゴルフ」が、「ずっと永く、熱く、悠々と楽しめる」方向へも、「普通の感じ」で向かい出せます。

第1章で、ゴルファーの上達を致命的に阻んできた「教えの盲点」をついた、「飛ばしの奥儀」としてご案内します「4時打法」は、やがてゴルファーの「常識打法」として広がり、老若男女多くの読者のこれからのゴルフを、グンと易しく、楽しくさせてくれるでしょう。

さらに第2章で、「ゴルフは、シナリオで上手くなる」という、「上達法の100年の歴史」を変える「夢の上達マニュアル」での、身近で確かな上達法へもご案内します。

そして何より、ゴルフの上達ということだけでなく、従来の技術書からは得られなかった、読者にとってずっと大きくまた大切なはずの「健康寿命」が延ばせ、「心身が枯れない姿」で永く過ごせ、「年を取っても下手にならない」ゴルフが楽しめる方向へもご案内します。

著者が「健康ゴルフ」と呼ぶそれは、53歳の時に始めた「一連の健康運動」によって、すでに大きな効果が得られた70代となった著者の、19年余に及ぶ、今や「生涯の楽しみ」となっている、その実行と効果の現れを通してのものです。

「教えの盲点」に対処した、「飛ばしの奥儀」、「夢の上達マニュアル」、「健康ゴルフ」と揃えて進めば、読者のこれからのゴルフは、グンと楽しめる方向へと、普通に、進めます。

また、「健康ゴルフ」は、老衰をずっと遅らせる「骨肉量の増強維持」も可能とします。

私もまだ明言できるほどではありませんが、70代、80代の延長上には、90代となっても、心身を枯らさない悠々とした姿での、「上達したゴルフが、年を取っても下手にならない」で、それを元気に楽しめる健康な日々が、きっと待っていることでしょう。

「それを目指して、楽しみながら過ごしていく生き方もまた、悪くない」

多くの読者にこの言葉を「まえがき」として贈り、読者のどなたにも楽しみながら過ごせる「この生き方」への道筋ともなる、身近で楽しめる、「新しい方向」へとご案内します。

また、ひと口に「我々アマチュア」と言っても、その年齢層には幅広いものがあります。この本では、それを、還暦を境として、その前にある若い読者とそれを過ぎた読者との双方への発信も意識して展開していきます。

「成人してから60歳までは40年。60歳から100歳までも40年」と、実は、「どちらも同じく40年ある！」のです。還暦を過ぎた人にも、楽しめる歳月がまだたっぷりとあるのです。この本で、後半の「もう1回の40年」もグンと楽しめる方向にも、普通に、進み出せます。

一方で、「競技ゴルファー」を目指したり、それを楽しんだりしている人にも、そのさらなる活躍や、「活躍できる期間も長くできる」という、そのヒントも多々見つかるはずです。

この本でご紹介します身近なやり方は、そういうレベルにもつながります。そしてそれは若い時に実行し始めるほど、その効果は大きくなるものです。若い読者なら、300ヤードも狙えるようなゴルフへの道が開け、それが、ずっと永く楽しめる方向にも進めるでしょう。

しかも還暦を過ぎた人でも決して遅くはありません。著者が、この本でご紹介することに本格的に取り組んだのは、還暦を過ぎた「定年後」ですから。そしてその取り組み方そのものが、「ゴルフも人生も、定年後が真におもしろい」、という過ごし方ともなるのです。「ゴルフの本は、読んでも変わらない」などと、これまで読まれた技術書からの効果の薄さで、「上達にはつながらない」としてそれらから離れていた人も、「新しい方向」へのこの本に出会えたことで、上達も楽に進み出し、ゴルフが悠々と楽しめる方向にも、普通に、進めます。「我がゴルフの全盛時代は70代！ 80代、90代も、その延長上」と、その方向へも進めます。

読者のどなたにも楽しみながら普通にやれて、それでごく普通にいい結果が得られるはずの、この本の新しいやり方の「プロの教えの100年の盲点」に対処した、現実的で、身近なやり方こそ、我々アマチュアにとっての、上達がグンと進み、「飛ばせるゴルフが、ずっと永く、元気に楽しめる」などと、愉快なゴルフ人生も悠々と過ごせるようになれる、簡単で最良の取り組みとなる「新しい方向ですよ」と、まず申し述べておきます。

この本のやり方への理解と実践があれば、上達したゴルフが年を取っても下手にならず、悠々とした姿で熱く永く楽しめる方向へも、「普通に」、向かえるようになります。

著者のように「80、90歳を過ぎても飛ばせる熱いゴルフが悠々と楽しめ、100歳にも向かえる」という楽しみな気持ちや手応えを、「普通のこと」、として感じられる方向にも向かえます。

それを目指し、ずっと先の自分の楽しみな姿も見据えて、読者のどなたにもできるはずのこの本の「身近な、現実的なやり方」で、それを楽しみながら過ごしていきましょう。

〝この本1冊〟こそが、「読者のこれから先の人生」にも楽しみな転機をもたらすでしょう。

また、あるいはあきらめておられたかも知れない「復活」への、楽しみな道筋も見え出し、「よし！」などと、「これから先への新たなエネルギー」も、きっと湧いてくるでしょう。

この本は、すべてのゴルファーに向けて、そのゴルフを「上達法の100年の歴史を変える」、身近で新しい方向へとご案内するもので、従来の上達法がこの本で革新的に変わります。

そしてそれは、ゴルフの身近で確かな上達だけでなく、「読者のこれから先の人生」も、悠々と、より永く元気で過ごせる方向へとご案内する、ゴルフを楽しむ人の「生き方読本」、そして「人生の宝物」のような本と、きっとなるでしょう。

この本は、「ゴルフをやるなら読んでおきたい」本として、老若男女すべてのゴルファーにおすすめするものです。

著者

目次●プロの教え の「盲点」をつくゴルフ 夢の上達スウィング

第2章

第3章 「上達への特効薬」ともなる「ゴルフ体操」。99

第6章 「自分に合ったゴルフ」を見つける。183

ブックデザイン 熊澤正人＋村奈諒佳（POWER HOUSE）
イラストレーション 角 慎作

第1章

プロの教えの「100年の盲点」をつく、これぞ「飛ばしの奥儀」。

教えの「100年の盲点」を知り、その対処さえすれば、「うまく飛ばせない」という永年の悩みはあっさり解消し、ゴルフがグンと易しく、そして、もっと楽しくなります。

一　素振りの時のように打てるようになれば楽に飛ばせ、上達も、楽に進む！

大多数のゴルファーにとって、ゴルフの楽しみでありまた一番の願いは、「飛ばすこと」、あるいは「飛ばせるようになりたいこと」にあるようです。これまで無数というほどに出版されてきたゴルフの上達法の本のその中心にあるのは、それをあおるような、それに向けての技術書のようなものであったと言えるでしょう。ゴルファーのほとんどすべてと言えるような大方の人たちが、これまでにそういう類の本を1冊以上は読んで来ているはずです。

しかし残念ながら、その大方の人たちがそういう本を何冊読んでも何年やっても、「その通りには上手くいかなかった」はずです。それらに書かれた教えには、そうなる、ほぼ共通した「盲点」があり、それが、大方のゴルファーの上達を「致命的に阻んでいた」のです。

「素振りの時のように打てればもっと飛ばせるはずなのに、実際に打つ時には、それとは違う打ち方となってしまう」

この本は、「盲点」がつくり出した、大方のゴルファーのこの悩みの解消法から始めます。その「盲点」を知り、その対処をしさえすれば、楽に飛ばせ、上達も、楽に進むのです。

二 ボールの真後ろ（「3時」）ではなく、「4時の辺り」を打つ！

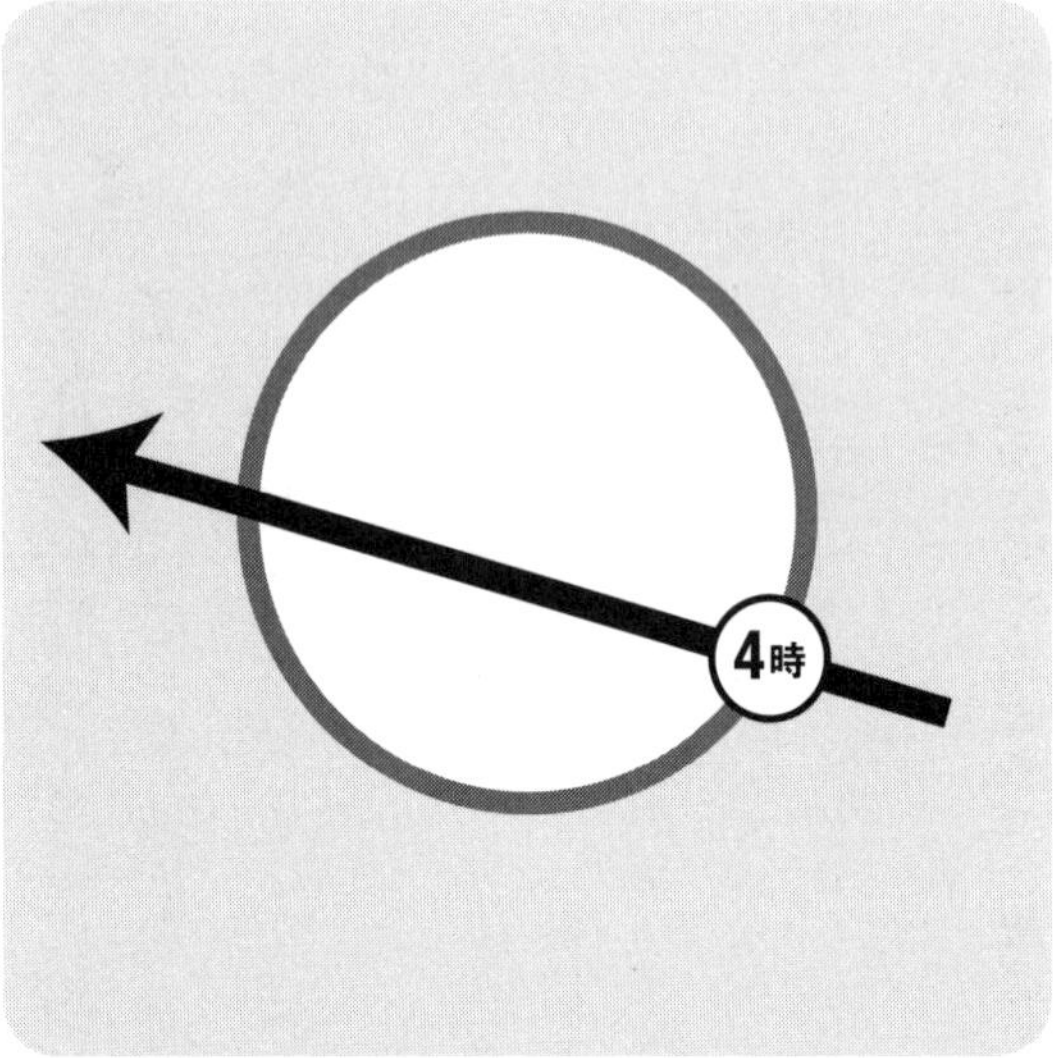

まず、地面のボールを真上から見た上の図の矢印に沿って、シャドウスウィングをしてみて下さい。

そのスウィング軌道は、読者にとって振りやすいスウィング軌道ではありませんか。そして、この矢印が、「ビュッと自然に気軽に振れるスウィング軌道であった」と気づかれるでしょう。

同時に、これまでは、ボールの「真後ろ」に何とか「当てるように」打っていた、ということにも気づかれることでしょう。

バックスウィングをしてトップの状態にな

った時、左肩は顎の下に来て、グリップは捻られた後の右肩の上にあり、クラブは頭の後ろにあります。その時に見えるボールの正面は、「4時の辺り」です。そこからインパクトに向かうクラブヘッドは、やや内側（インサイド）から円軌道を辿りながらボールに向かっていきます。

つまり、ボールを時計盤に見立てますと、ボールの真後ろの「3時」を打つのではなく、正面に見える「4時の辺り」を打つのが、ヘッドの軌道に対して「正対」、となるのです。

これまで大方のゴルファーが、ボールの真後ろの「3時」をボールの中心（芯）として、そこをきっちり打つようにと本などで教えられ、そう打つようにとやってきたはずです。

この「これまでの打ち方の教え」がスウィング軌道を歪め、様々な方向に散り、飛ばなくさせ、ゴルフを難しくし、「上達できない多くのゴルファーをつくりだした元凶」と言えるのです。中心というのは、ボールの真後ろではなく「クラブヘッドの軌道に正対する部分」のことなのです。繰り返しますが、それは「3時」ではなく、「4時の辺り」なのです。

「ボールの真後ろ（3時）を打って真っすぐ飛ばす」というのは、言葉としては簡単ですが、これが実は我々アマチュアには難しく、「その打ち方が、上達を阻んでいた」のです。

「正面に見えるボールの4時の辺りを、素振りの感覚で、狙い通りに真っすぐビュッと打

つ」

これが、自然に振れて、年齢、体力に関係なく楽に飛ばせるようになれる、「奥儀」です。

三 上手く飛ばせない原因、上達できない原因は、教えの「100年の盲点」にあった！

「上達法」や「飛ばし方」関連の本は、プロやトップアマなどの「上から目線」で、これまで無数といわれるほどに出版されてきています。そのほとんどに「いい方法」が書かれていたはずで、大方のゴルファーがそれらの何冊かは読んで、「どうやったら上手くなれるか」とか「どう打ったら飛ばせるか」などを、「方法としては知っている」はずです。

しかし方法は知っていても、「その通りには上手くいかない」という人が大方でしょう。

その原因のほとんどは、「3時を打ってそれをやろうとしていた所にあった」のです。

「3時を打つ」ということがあまりにも「当たり前の常識」とされているためか、「4時を打つ」ということを記したものは、40数年のゴルフ歴の中で私が読んだり見たりした本では皆無でした。ゴルフオンリーというような日常を過ごし、当たり前のようにタイミングが合

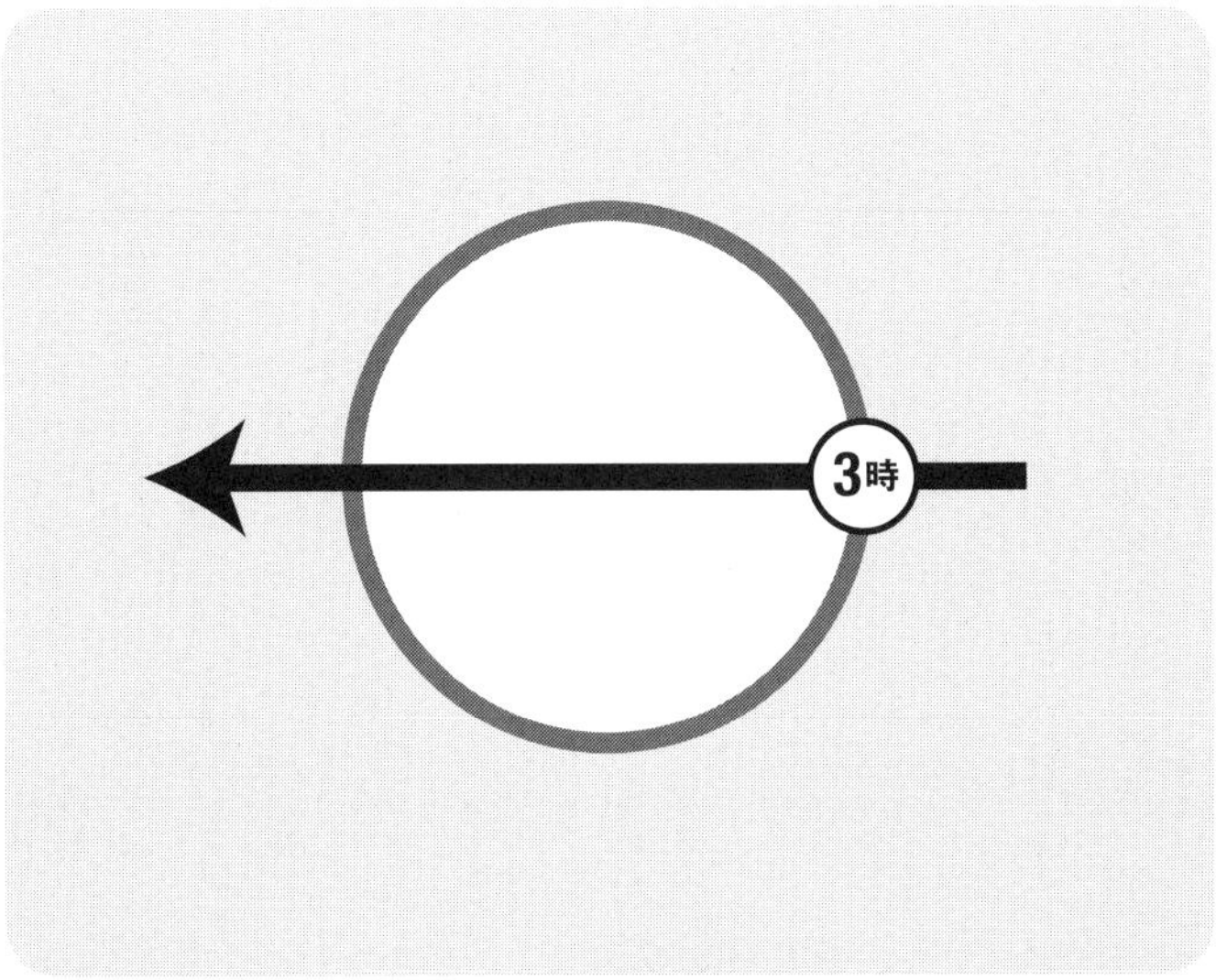

うプロゆえに、アマチュアが持つこの基本的な問題に**「致命的な盲点があった」**のです。

私を含めた多くのアマチュアは、「たった一点の気づかないことがあるだけで、長い年月上達できないまま苦戦する」ということも多いのです。私もずっとボールの真後ろ（3時）を打つと思い込んでいて、それが、アマチュアの上達を、致命的に阻んでいたのです。「スイートスポットで打て」、「フェースの真ん中で打て」、「芯をとらえろ」。

ゴルフの本で見られるこれらは「まったくその通り」の教えです。しかしこれはクラブヘッドのことで、ボールに関しては、「ボールの真後ろ（3時）を打つ」というのが「当たり前の常識」と教えられ、それは、ご存知のように21ページの図のイメージで解説されてきています。

「ボールの芯を打つ」ということも、すべてのゴルファーが知っているはずのことです。

そして「その芯は、ボールの真後ろ（3時）を打つことでとらえられる」とほとんどすべてのゴルファーが思い込み、あるいは思い込まされています。アドレスで、フェースをボールの真後ろ、つまり「3時」に合わせ、そしてそこを狙って打ちます。18ページの図よりこちらの図の打ち方のほうが正しいと、ほとんどの読者が思っておられるでしょう。ごく当たり前の「常識」とされてきたことです。しかしトップの時に見えるボールの正面は「4時の辺り」なのです。それを、ほとんどの人が後者の図のイメージで「3時」を打ちます。その矢印の先、つまりそれで打たれたボールの行方は、その多くが、様々な方向にぶれて曲がります。

それを知り、あるいは恐れる多くのゴルファーが、大きなミスを防ごうと、インパクトで「当てにいく、合わせる、押す」というような、様々な「加減したスウィング」をします。

アマチュアの多くがボールを左右に散らしたり、スライスに悩んだり、真っすぐ打とうと「当てにいくスウィング」になったりして上手く飛ばせないのは、ここに、ほとんどの原因が集約しているのです。上手く飛ばせず、「ゴルフは難しい」となってしまう元凶なのです。

スウィング軌道は、本来はボールの真後ろ（3時）は通らず、「4時の辺り」を通り18ページの図の方向へと打ち出されるのです。**「見えるボールの正面を打てる」**ため、違和感も防げ、その分、素振りのように加減せずにビュッと振れ、楽に飛ばせるようにもなるのです。

大方のゴルファーがボールの真後ろに何とか「当てよう」とします。それでタイミングがなかなか上手く合わず、しかもインパクトに向けてスウィング軌道を歪める打ち方になり、素振りのようには打てなくなるのです。インパクトで「合わせる、当てにいく」などの不自然な操作をしてしまい、「素振りの時とは違ったスウィング」となってしまっていたのです。

「3時」を打ってタイミングが上手く合うようになるには、「よくよくの練習が必要」ですが、それができない、それをやらない、というゴルファーが多いため、多くのゴルファーが、「なかなか上手く打てない。上手く飛ばせない」、となってしまっていたのです。

「どんなにゴルフ本を読んでも、何年やっても上手く飛ばせない」となっていたのは、それらの本が、「3時を打つ」ということの教えだったために、上達の役に立たなくなっていたのです。

「ボールの真後ろ（3時）をきっちり打て」という「100年の教え」が、上手く飛ばせないようにさせ、これが、我々アマチュアの上達も致命的に阻んできた、その原因だったのです。

この、「ボールの3時を打て」という100年の教えからの卒業が読者を飛ばせるゴルファーへと楽に変身させます。この本で、「飛ばしの奥儀」としてご紹介します「4時打法」が、永年の悩みをあっさりと解消させ、ゴルフをグンと易しく、もっと楽しくさせてくれます。

四 「3時をどうきっちり打つか」という「100年の教え」が、上達を致命的に阻んできた。

「シングルになれる人は、全ゴルファーの1%もいない」

「100を切れる人は全ゴルファーの10%程度、90を切れる人は5%程度しかいない」

この2つは、かつて何かの記事で見かけたものです。今の私には、「何とも気の毒な現象、しかしそれも、当たり前の比率だ」と、その原因を知ったことで、よく分かるものです。

ドローボールを打って飛ばせるゴルファーの比率も少ないでしょう。逆に、「どんな本を読んでもその通りに上手くいかなかった」というゴルファーの比率は、極めて高いでしょう。

「ゴルフの本は、読んでも一緒（変わらない。上達しない）」

「本を読んで上手くなるんだったら、世話はないよ（苦労はしないよ）」

「そもそも、プロのマネをしようと思うこと自体が間違いのモト、なんだよ」

これらはこれまでに何度も耳にしてきた言葉です。「同感！」と思っているゴルファーが大多数でしょう。いずれも、「3時をどう打つか」という、プロの教えの「盲点」がつくり出した、上達を致命的に阻まれてきた「被害者」たちの、「もっともな言葉」だったのです。

「難しい」、「上手く打てない」、「ドローが打てない」、「飛ばせない」、「スライスとなってしまう」などという大方のゴルファーの永年の悩みは、「素振りの時のように打てる」この「4時打法」が理解できマスターできさえすれば、実は、あっさりと解消できるのです。

ドローボールを打って大きな飛距離が出せているゴルファーは、実は、ほとんど無意識のうちに「トップで見える4時の辺りを、自然にビュッと振って飛ばしている」のです。

「ボールをやや内側に置き、右足を少し引いてクローズドスタンスにして……」という、このドローを打つための準備動作の教えは、実際は、「ボールの4時を打つための準備動作」でもあったのです。しかし、これで「3時」を打たせようとしていたのです。本や雑誌などを何冊読んでも上手くいかない、難しい、となるのは、「それこそ当たり前」、だったのです。

21ページの図で打ってドローボールを飛ばすというのは、つまり、右に飛び出して左に戻るということは、実は「原理的にも無理なこと」で、プロも、これに気がつかずにいたのです。

大方のゴルファーが「飛ばせるようになるためにはドローボールを打てるようにならねばならない」と、本などを読んで分かっていて、しかし何年やってもそれが上手くいかない、難しい、となっているのは、「ボールの真後ろ（3時）を打つことがその方法だと思い込んだり思い込まされたりしていたから」であり、「原理的にも無理なことを、それと知らずにやり続けていたから」で、上手くいかないというのは「それこそ当たり前」だったのです。

この、「3時にきっちり当てる」という、ゴルフが日本に入ってきて以来の「プロの教えの常識」が、なかなか飛ばせない、上達できないという、多くのゴルファーの悩みをつくり出してきた、つまり、「先述の比率や現象をつくり出した元凶」と、繰り返しておきます。「プロの教えの100年の盲点だった」ともいえることで、この章で、これをまず解決します。

五 「4時打法」が、ゴルフをグンと易しく、そして、もっと楽しくさせる。

「素振りの時のように打てればもっと飛ばせるはずなのに、実際に打つ時は、それとは違う

打ち方となってしまう」

これまで何度も耳にしてきたこの言葉は、「クラブヘッドはボールの4時の辺りを通過するのが自然」なのに、「3時」を打とうと思ったり思い込まされたりしているために、軌道を歪めて打つ形となり、タイミングを合わせるために、「ボールに当てにいくスウィング」など自然な振り方ではなくなって、違和感や「難しい」という気持ちが生じ、それで素振りとは違う、上手く打てない、「当てにいくような打ち方」、となってしまっていたのです。

無理に「3時に当てにいけば」、ビュッとは振れなくなります。これではヘッドスピードも当然落ちます。それでヘッドスピードを上げようと力を入れて振れば、上手く当たらず、ボールはあちこちに曲がります。「上手く打てない」、「飛ばない」、「曲がる」などと、これは「当たり前のことだった」のです。「上達法の、気の毒な歴史だった」、といえることです。

しかし読者には、この「4時打法」が、ゴルフをグンと易しく、楽しくさせてくれます。「これまでの打ち方の常識」から卒業し、**「見える正面を打つ」**ように、進化しましょう。

ボールの「4時」を狙いながら、しかし、無理して「4時に当てよう」とする必要はありません。「4時の辺り」と、トップで見えるボールの正面を狙ってそのまま振り切ればいいのです。無理に「そこに当てよう」と、**当てにいくような不自然な操作をしない**ことです。

「素振りの感覚」とは、「軌道を無理に操作しない、自然なスウィング」ということです。

それが、「クラブヘッドの軌道に正対する部分を打つ」こととなります。自然に振れる、パワーをロスしない打ち方となり、それで素振りのようにビュッと打てるようになれます。

加減せず自然に振れる打ち方ができれば、飛び出し（初速）の速い、伸びて飛距離の出る美しい弾道のドローとなります。いわゆる「美球」で、これが楽に打てるようになります。

「素振りの途中でボールを吹っ飛ばす」

こういう感覚でボールが打てるようにもなります。ヘッドスピードにブレーキのかからない、「センターやや右手に向けてビュッと真っすぐ振り切る、加減しない自然なショット」ができるようになり、それで、グンと伸びる「美しいドロー」が楽に打てるようになれます。

「4時の辺りを打つ」ことで、素振りの時のような自然なスウィングで打てるのです。

頭（これまでの記憶、習性など）が邪魔して、当初は、不安感が出るかも知れません。

「ボールの3時を打つ」という従来の本などの教えによる弊害は、大多数のゴルファーに「上手く打てない」、「飛ばすのは難しい」という気持ちを、頭と体の奥底まで浸みつかせていたはずです。どんな本を読んでも、練習場に何度足を運んでも、何年やっても「飛ばせるようになれない」、というゴルファーが大多数だったはずです。それはずっとこの先も続くことでしょう。しかしそれは、読者には、次のやり方で簡単に解決します。どんな本を読んでも「上手く飛ばせなかった」この悩みは、実は、あっさりと解消することだったのです。

六 「4時打法」の簡単なマスターの仕方

練習場などで、ボールを見たまま頭の位置を動かさないようにして、左足で重心の移動をしっかり受け止めて、「4時」を狙い、目標のやや右手に向け、ビュンビュン素振りを繰り返しましょう。そして、そのスウィングで、ボールを打ってみましょう。これを繰り返せば、飛ばせるドローヒッターに楽に変身できます。これだけで、楽に飛ばせるようになります。「3時を打て」という「100年の教え」が、「この簡単なことをできなくしていた」のです。

当初は、あるいはそのまま右のほうに飛んでしまうかも知れませんが、当面は「どれだけ飛ばせるか」と、**「素振りの時のような速いヘッドスピードでボールを飛ばすほうを優先」**しましょう。それを繰り返していくうちにヘッドが走るようになり、狙う方向へとボールが大きく飛んでいくようになるはずです。**人によっては、「3時半の辺り」を狙って打つのも、**

不安感を和らげ、それが合うかも知れません。これは、「人それぞれ」でいいのです。

要は、ボールの真後ろ、つまり「3時に何とか当てよう」としていたために、素振りの時のようにビュッと自然には振れず、ヘッドスピードも遅くなり、飛ばない、曲がる、難しいというその原因をつくっていた、「当てにいく打ち方」から「卒業する」ということです。

体力も体の柔軟性も十分ある、幸いにも若くしてこの本を手にされた読者は、「300ヤード狙い」など「本物の飛ばし屋」のゴルフに向け、その挑戦が大いに楽しめるようになります。

ただ、この打ち方が十分身についていない間は、右へのOBを打つこともあるかも知れません。それを恐れてセンターを狙ったために逆に左へのOBとなるかも知れません。しかし「OBの2発や3発なんぞ、小さい小さい」と、目先のスコアなどにこだわらない、そんな「度胸」が「大胆ないいスウィング」につながり、かえってミスを少なくし、早く身につくようになるでしょう。本物の飛ばし屋となるために、「慣れないための当初のミス」などは恐れず、狙う所に向けて、「見えるボールの正面」を、ビュッと振っていけばいいことです。

自分を非力と思っている人や、シニアでも女性読者でも、楽に飛ばせるようになります。若さや体力など、「人それぞれ」に、自分に合う範囲での可能な飛ばしに挑戦しましょう。

これが「飛ばしへのスウィング改造」の、**「それが確実に叶うようになる身近なやり方」**なのです。「飛ばしの奥儀」ともいえるこの「4時打法」をマスターすることで、読者は、「素振り感覚」で振って飛ばせ、ゴルフがグンと易しく、そして、もっと楽しくなってきます。

七 「インパクトがすべて」も、「飛ばせなくした元凶、教えの盲点の一つ」だった。

技術書や雑誌などで見かけた、「インパクトがすべてだ」というような一文も、恐らく多くのゴルファーが何度か目にした「教え」でしょうが、これも多くのゴルファーの混迷の源をつくり出し、強めてきた、「飛ばせなくした元凶、教えの盲点の一つだった」といえます。

「その通り」と思われているかも知れないこのことも、その読者にはプロの教えの意味が先入観的に伝わり、この教えは、ボールの真後ろ、つまり「3時をきっちり打つことがすべて」と、ほとんどのゴルファーに伝わっていたはずです。それが「小さなボールの、3時という小さな点」に何とか当てようとして、インパクトの瞬間に「当てにいく」、「合わせる」などの、「特別な操作」を呼ぶことにつながります。そしてそれが、スウィングの自然な流れにかえってブレーキをかけることになります。ビュッと自然には振れない、軌道を歪めてしまう、「アマチュアの、様々な変則的なスウィングフォーム」をつくり出してしまったのです。

インパクトは大事な要素には違いありませんが、この「インパクトがすべて」というのは、こういう弊害につながる、読者たちの上達を「逆に阻んでしまう教え」でもあったのです。

ゴルフオンリー的な日常の中で年中ボールを打ってきたプロと、休日などに、趣味としてたまにしか打たない、ゴルフ環境が遥かに違う我々アマチュアとの間では、プロの表現力の不足もあったりして、解釈や理解の仕方にもズレが生じやすいものです。

素振りがいいフォームとなっているのは、「4時の辺り」を通過するように、そしてインパクトで「当てにいく、合わせる」などの不自然な軌道操作をしないで、「自然にビュッと振られているから」で、「本番でそう振り切ればいい」という、単純なことだったのです。

それで打たれたボールは、少し右に飛び出し、飛距離も伸び、球速が落ちだす頃から左にカーブするように戻っていきます。これで、簡単に、「飛ぶドローボール」となります。

18ページの図の矢印の先は、落としたい地点のやや右手として、そこに向けて素振りの感覚で、インパクトは意識しつつ、しかしそれは、「当てにいく」のではなく、「ヘッドが通過する途中にある」と、軌道の操作をせずに、ビュッと自然にクラブを振り切ればいいだけです。

スウィング用語に「インサイドアウト」とか「インサイドイン」というのがありますが、私はそれを、狙う所に真っすぐ振る「インサイドアウト・ストレート」と名づけ、70歳を過ぎたにもかかわらず、220ヤード程度の飛距離を、「普通に」キープしています。

しかも、この「素振りのように」ビュッと振れれば、70代、80代の体力となっても普通に振れ、それで飛距離も維持できるはずと、その楽しみな手応えも私は感じているものです。

シニアも女性も、「ボールの4時の辺りを狙って、素振り感覚で狙う所に向けてビュッと振る自然な打ち方」が身につけば、200ヤードくらいは楽に飛ばせるようにきっとなれます。

70歳を過ぎた私ですが、「無理して飛ばさなくてもパーオンには苦労しない」、「70台は、当たり前」という、悠々とした姿での「自分に合ったゴルフ」が楽しめています。

それは「4時の辺りを打つ」ということが分かっていて、素振りの感覚でビュッと振って易しく打てることから、別に無理しなくても220ヤード程度の飛距離が出せるようになっており、時には250ヤード辺りを狙ってかっ飛ばす、というゴルフも楽しめているからです。

さらに、後の章でご紹介します「一連の健康運動」を生涯楽しむつもりにしていることで、70代、80代となってもこの飛距離は十分維持できるという、楽しみな手応えもあるわけです。

クラブの性能はグンと良くなっており、ドライバーなら普通に打てばそれくらいの飛距離が出るようにもともと設計されているのです。普通に打てない、その性能が生かせない打ち方をしている人が大多数といえるのですが、その原因は、「3時を打つ」という、「これまでの打ち方の常識、プロの教えの100年の盲点が、難しくさせてしまった」といえることです。

「飛ばせるようになる方法」についての本も無数に出版されてきましたが、書かれている難しい技術などは、我々普通のアマチュアのゴルフには、実は、「必要なかった」のです。

「ボールの4時の辺りを狙って素振りの感覚で打つ」、つまりインパクトで、「合わせる、当てにいく」という不自然な軌道操作をせずに「ビュッと打つ」ことで単純解決なのです。

上手く飛ばせなかった人も素振りの時のヘッドスピードはかなり速いはずで、その感覚で打てれば飛ばせるようになれます。「3時に当てよう」としていたからできなかったのです。

「当てにいくゴルフから、振って飛ばすゴルフへ」。ゴルフがもっと楽しくなりますよ。

まだ若い人は、素振りの時のような自然なスウィングで、思い切り振って大きなドローを飛ばす。これで、プロのような「300ヤード狙い」も、決して夢ではなくなるでしょう。「競技ゴルファー」であれば、この打ち方を意識してスウィングし、その飛距離を自分のものとしてできれば、その活躍の度合いも格段に違ってくるはずです。

この「4時打法」は、老若男女、体力、キャリア、レベルを問わず、ゴルフを易しくさせ、「飛ばせるゴルファー」へと楽に進めさせ、「上達も、楽に進めさせてくれる」ものです。

八 ドローで飛ばす時は、プロも、実は「4時の辺り」を打っている。

次ページのイラストは、2010年8月の「週刊ゴルフダイジェスト」に出ていた、服部真夕プロのドライバーショットのインパクトの寸前と直後を、真後ろから写したものを参考にして、イラストにしたものです。

まさにボールの「4時」に当たる寸前が、よく描かれています。そして直後には、右に飛び出したボールが中空にあり、そこからボールはドローとなって左へと戻っていきます。このアングルからの、クラブヘッドがボールに当たる寸前を捉えた写真は私も初めて目にした

インパクトの寸前を捉えた、クラブヘッドがまさに「4時」に当たる寸前のイラストです。その「4時」に当たった瞬間にヘッドは「3時」にも当たります。このミクロの時間差で、ボールは左回転となり、ドローとなって飛ぶのです。

やや右に打ち出された飛球は、この先辺りからカーブを描きながらセンター方向に戻っていきます。これがドローボールです。この原理がどの本にも触れられず、「3時」を打つことを常識化させ、上達を阻んできたのです。

もので、「貴重な証明写真があった」と、それをイラストにしたものです。
ここまでの記述の中で、あるいはイメージがよく理解できていなかった人も、このイラストでよく理解できるはずです。ドローで飛ばす時は、プロも、実は、普通に、「4時の辺り」を打っているのです。その「4時」に当たった瞬間にボールがつぶれる時に、ヘッドの走りでクラブヘッドは「3時」にも当たります。このミクロの時間差で、ボールは左回転となって飛び、球速が落ちだす頃に左にカーブしだします。これが、「ドローの原理」なのです。

この原理が、ゴルフ出版界がずっと気づかずにきた、「教えの100年の盲点」だったのです。

九 「なぜ、上手く飛ばせないか」も、「4時打法」であっさり解決できる。

「まえがき」に述べました「なぜ」の一つ、「なぜ、上手く飛ばせないか」も、この章のやり方で、読者のどなたにも易しく解決できるようになります。大方のゴルファーにとっての「飛ばしたい」という永年の願いが、これで、あっさりと、叶うようになるのです。

老若男女すべての読者が、この「4時打法」で、若く体力もある読者なら300ヤード狙いも、非力と思っている人もシニアも女性ゴルファーも、素振りの感覚でビュッと打てることの打ち方の理解とマスターで、200ヤード程度なら、「易しく、普通に飛ばせる」ようになれます。

「老いたゴルフ、寂しいゴルフ」のようになっていた姿からの「復活」も、「4時の辺りを打つ」というこの「奥義」を理解し実行しさえすれば、楽に叶うようにきっとなります。「素振りの感覚でビュッと振って飛ばす」。これから、もっと楽しいゴルフができますよ。

ただ、私のような年代では、300ヤード狙いなど、無理した飛距離追求は、故障の原因ともなります。またそれを狙おうとすれば、叶わないことでのストレスの原因をつくったりもします。しかし「200ヤードくらいの飛距離なら普通に出せる」のです。そしてこの飛距離は、我々普通のアマチュアやシニアやレディースにとっては、「立派な飛距離」なのです。

70代、80代となっても、200ヤードを超す「美球」で悠々とした姿でゴルフができたら、さぞ楽しいことでしょうね。「熱いゴルフ」が、この先、いくつになっても楽しめますよ。

「悠々のゴルフ人生」は、そうなったゴルファーの余裕の気持ちから出るものです。逆に、「3時」に何とか当てる、合わせる、押すというような、ぎこちない、変則的フォームで、飛ばせず、同伴競技者や仲間にいつも飛距離で置いていかれる状態であれば、そんな気分は到底出てこないでしょう。「盲点にはまったゴルフを続けた結果の姿」、ともいえるのです。

しかし読者には、この「4時打法」を身につけることで、若い読者なら「300ヤード狙い」などへの楽しみが、非力と思っている人も女性もシニアでも、「200ヤード程度ならビュッと振って飛ばせる」という新たなゴルフの楽しみが、きっと出てくるようになるはずです。

「ゴルフに行こう」という楽しみな気持ちも、それで、グンと強くなるでしょう。

私が**「無意識で4時の辺りを打っていた」**ことにふと気がついたのは、2010年の春、67歳の時です。その時、「この打ち方なら、年を取っても楽に飛ばせる」とも気づきました。

「トップで見えるボールの4時の辺りを打つ」というこの「4時打法」が、次章からご紹介していきます「夢の上達マニュアル」と「健康ゴルフ」に、「意識として加わって」、私には、60代の終盤になって、この「3点の上達法」が、セットとして揃ったことになります。

それで、「これからが私のゴルフには本当の楽しみが出てくる」として、「我がゴルフ人生の全盛時代はこれから先の70代！」と、こういう年代となって、「全盛」という言葉が初めて私の頭に浮かんだのです。さらに、「80代、90代もその延長上」と、そんな楽しみな気持ちと手応えも出てきました。「4時打法」が意識として加わったことで、60代の終盤から、私には、「悠々の、愉快なゴルフ人生が新たに始まった」、といえるのです。

そしてこの「悠々のゴルフ人生」は、読者のどなたにも叶えられる、「身近で易しいこと」でもあるのです。読者の年齢層は還暦の前か後か、それぞれでしょう。この本を読まれた後から、それぞれの読者が、これまでの「3時に当てにいく打ち方」から、素振りの時のような自然な打ち方で、「振って飛ばす」という、もっと楽しめる「新しい方向へ」と、普通に、進めます。**読者それぞれの「ゴルフ人生の全盛時代」が、「これからやってくる」でしょう。**

この本は、**読者の上達の役には立たなかった、**「プロ目線での教え」とは違うものです。どうぞ、**「自分にもできるやり方」**というイメージを持って、この先も読み進めて下さい。

十 「4時&ハンマー打法」で、さらに楽に飛ばせる。

ここでご紹介します「ハンマー打法」とは、「やや柄の長い軽めのハンマーで、細めの杭を横の壁に打ち込むイメージでの打法」で、いわゆる「スナップを効かす打ち方」です。

ハンマーで杭を横の壁に打ち込もうとする時には、大体次のような手順で打つでしょう。

①　杭の頭（ボール）にハンマーの頭（ヘッド）の中心を合わせ、
②　足を肩幅に開き、下半身をしっかりさせて、右足に重心をかける。
③　ゆっくり左肩を回すようにしながらハンマーを振りかぶり、
④　杭の頭（ボール）をしっかり見て狙いを定め、円運動でハンマーを振り下ろし、
⑤　左足で踏ん張りながら、当たる寸前に左手甲を一瞬止め、
⑥　右手のスナップを効かせて杭を打ち込む。

私はこのイメージでドライバーショットを打つことを、「ハンマー打法」と呼んでいます。インパクトの寸前に、左手甲を一瞬止めますと、「支点を止めてヘッドを走らせる原理」によってヘッドのスナップが効きヘッドスピードがより速くなります。つまりボールがより飛ぶようになります。ただ、左手は止まってしまうわけではありませんので、「ブレーキをかける」と表現すべきかもしれません。しかしイメージ的に「一瞬止め」としたものです。

これはテクニックの一つで、慣れが必要です。「4時」を狙い、このスウィングイメージでの素振りを繰り返し、それが自分のスウィングとなれば、さらに飛ばせるようになります。私はこれを**「4時&ハンマー打法」**と呼んで、これでドライバーショットをやっています。

これが身につきますと、人には軽く振っているように見えて楽に200ヤード以上の飛距離が得られるという、「涼しい姿で飛ばせる」ゴルフが、将来的にも楽しめるようになります。

飛距離やスライスに苦労しておられる人は、ゴルフには「ヘッドスピード」という言葉はあるが、「手元スピード」という言葉はない、と頭に入れておかれることもよいことです。

「飛ばしたい」と思う時には、得てして手元を速く振ろうとしがちです。そのため肝心なクラブヘッドが遅れてしまい、ヘッドスピードが落ちたりヘッドが開いてしまったりして、意思とは逆に、飛ばなかったりスライスさせてしまうのです。この **「4時&ハンマー打法」** は「手元よりクラブヘッドを走らせる打法」で、これらも解決させます。易しいテクニックですから、「人それぞれ」という中で、試してみられるとよいでしょう。

十一 フェアウェーウッドは、「3時半の辺り」を打つ。

フェアウェーウッドの場合は、それでグリーンを狙うなど狙うエリアを狭めていることもあり、距離と方向性を重視する必要もあることから、トップの時に見えるボールの「3時半の辺り」を打つようにしています。それでフェアウェーウッドも素振りのような自然な感覚で打てるようになり、無理せず自然なスウィングで「振って飛ばせる」ようにもなります。

ティーアップされたボールと芝の上にあるボール、また芝に浮いている場合と沈んでいる場合とでは、払う打ち方、上から打ち込む打ち方などと、状況に応じて打ち方は違ってくるものです。どちらも、クラブヘッドをすくい上げないようヘッドを低く送ることが肝要です。

それぞれの状況での打ち方の判断をしながら、トップの時に見えるボールの「3時半辺り」を狙って、素振りのような自然なスウィングで、その軌道に正対する部分を打って「目標方向にヘッドを低く出す（送る）」ということです。それでタイミングも合いやすくなり、「クラブヘッドの軌道に沿った、素振りのような自然なスウィング」ができるようになります。

練習する時に、それぞれのクラブで、バックスウィングのトップの時に「見えるボールの正面はどの（何時の）辺りか」を、スウィングを止めてまず確認してみましょう。そこを打てばいいのです。そしてそこを打ったボールの自分なりの「曲がりの計算」ができるようになりますと、ショットがグンと安定するようになり、ゴルフがグンと易しくなってきます。

ミドルアイアンの場合も、飛ばしたい場合は、ボールの「3時半辺り」を狙って打ち込むようにすれば、素振りのような感覚で打ててドローボールで楽に飛ばせます。ただ、無理せず距離をきっちり出す中で方向性を重視する場合、つまり真っすぐ打ちたい場合はボールの真後ろ（3時）を打つようにすればよいでしょう。バックスウィングでの加減、なのです。

ショートアイアンは、飛ばすクラブではなく、距離と方向性をきっちり出すことが肝要ですから、ボールの真後ろ（3時）を狙って、打ちたい所に真っすぐヘッドを出すことです。ただ、ドローぎみに乗せたいケースの場合は、「3時半辺り」を狙って打ち込みます。

「人それぞれ」の、「これらの使い分けが臨機応変にできる」ようになりますと、ゴルフが「グンと易しく」なり、無理をしないことで余裕の姿も見せられるようになってきます。

これまでは、「自分に合った打ち方」が分からず、あるいは見つからず、「ゴルフは飛ばさねばならない」という気持ちが強く頭にあって、ティーショットの段階からミスショットの心配や、上手く飛ばせないなどと、難しい気持ちで力の入ったゴルフをしていたゴルファーが多かったし、これからも多いことでしょう。しかし、この章の**「バックスウィングのトップの時に見えるボールの4時または3時半の辺りを狙って、素振りの感覚で打つ」**という自然な打ち方の**身近な「4時打法」の理解と実行**で、読者には、「自分に合う打ち方」も見つかるはずです。楽に安定して飛ばせるようになり、永年の「自分に合っていない、無理した難しいゴルフ」からの卒業もできるようになり、それで、ゴルフがグンと易しく思えるようにもなるはずです。また、読者のゴルフスタイルも、「いい姿」となっていくでしょう。「人それぞれ」という中で、読者もビュンビュン振れる素振りの時のような速いヘッドスピードでボールが打てるようになります。それで「いいスウィングフォーム」で飛ばせる「上級スタイル」でのゴルフが楽しめる方向に、ごく普通に、進んでいけますよ。

この**「4時打法」**は、やがてゴルファーの「常識打法」となって広がり、老若男女多くの読者のこれからのゴルフを、グンと易しく、そして、もっと楽しくさせてくれるでしょう。

次の章では、**「ゴルフは、シナリオで上手くなる」**という、ゴルフの新しい楽しみ方ともなる、身近で確かな上達への方策をご案内します。

第2章

ゴルフは、「ゴルフメモ」のシナリオで上手くなる！

ゴルフを短い言葉でマニュアル化して単純化し、
その「シナリオ」に沿っての練習やラウンドをすれば、
上達は、画期的に進みます。「夢の上達マニュアル」です！

一　「ゴルフメモ」とは。

この章でご紹介します「ゴルフメモ」は、パソコンでゲームプランや各クラブの打ち方の留意事項や手順を6つの項目に分類してまとめたものです。いわばゲームプランや打ち方の**「シナリオ」**をつくり、「シナリオ通りに進めていく」ように、「シナリオ通りに打つ」ようにと、**「ゴルフメモのシナリオに沿っての練習やラウンドをする」**ようにしたものです。

十数年前に、ふと思いついてこれをつくり出したものですが、その時まで30年近い迷走のゴルフが続いていました。行き当たりばったりの調子次第で、同じような失敗を何度も、というゴルフを長年続けていたものです。いわば「もつれた思考回路でのゴルフ」です。

この「もつれた思考回路を整理することができれば、上達はもっと楽に進むのではないか」と、ふと考え、「ゴルフメモ」をつくることを思いついた、というのが発端です。

そういう発端からつくったものですが、それは結果的に私自身にとっての「ゴルフ人生における大発明」みたいなものとなりました。まさに**「夢の上達マニュアル」**として、「自分に合ったゴルフ」も見つかり、ゴルフの上達が画期的に進み出したのです。

これに思いつかず、そして「ゴルフメモ」をつくることもしなかったら、私のゴルフ人生は、大多数のゴルファーが辿ってしまったような「自分に合わないゴルフ」を続け、迷走のままでそれを早々に終える、ということになってしまっただろうと思われるものです。

二 「ゴルフメモ」は、まさに「夢の上達マニュアル」！

ゴルフを短い言葉でマニュアル化して単純化する。その「シナリオ」に沿っての練習やラウンドをすれば、ゴルフの上達は画期的に進み出す！

この理解が進めば、読者も「原始的ともいえるこれまでの上達法」が「革新的に」易しくなります。この「ゴルフメモ」は、まさに**「夢の上達マニュアル」**、と明言できるものです。

これまで多くのゴルファーが100年前から変わっていない原始的な上達法のままで、もっと簡単着実に上達が進むはずなのに、それがそうならないまま、そしてもっと楽しめるはずのゴルフが十分楽しめないまま、苦労の歳月を重ねておられたように思われます。

この「ゴルフメモ」は、読者それぞれに**「夢の上達マニュアル」**として役立つはずです。

練習場では、「そのシナリオに沿ったスウィング」でボールを打ち、ラウンドでは「そのシナリオを確認してのプレー」や「ゲームの進め方」をする。それが練習効果をグンと効率のよいものとし、それで上達への効果が、これまでより画期的に違ってきます。

画面を見ながら「頭の中での練習」もでき、打ち方や、ラウンドをしている時のイメージトレーニングやメンタルトレーニングにも使えます。それが実際のラウンドでのいい進め方にもつながるのです。また、気づいたりひらめいたりした時の画面を見ながらの更新作業や検討や「より的確な言葉を見つけ出す作業」自体も楽しいものです。そしてその言葉の発見の一つひとつが「上達への階段」となり、「頭の部分の進歩」にもつながります。

ゴルフが「単純化」されて易しく思えるようになります。それが「技」の向上にも随分と役立ちます。「もつれたような思考回路」が整理され、「頭」も「技」も向上し、記憶としても保たれます。そしてそれが、スウィングやラウンドにうまくつながるようになります。

「ボールの4時の辺りを打つ」という「奥儀」も、ふと気づいた時にこの「ゴルフメモ」を更新して「言葉」としてそれに入れたものです。そしてこういう「短い言葉の一つひとつ」が、私の「更なる進歩へのステップ」ともなったのです。この「ゴルフメモ」は、「永遠の未完成」として、この先も気づいたりひらめいたりした時にそれを入れて更新をしていきます。これは、「ごく普通の月イチゴルファー」であった私が、「月イチでも70台」、「70代前半からのエージシュート」、つまり、70台前半で回れるレベルへと進んでいく、私自身の進歩の過程、効果の証ともいえるもので、70歳を過ぎた現在もなお「まだまだ上昇気配」ということへの、その「楽しみな原動力」ともなっているものです。

この本を手にされた読者は、私よりはるかに短い期間で私のレベル、あるいはそれ以上のレベルにも進めるでしょう。それは70台前半で回れるレベルの「身近なシナリオ」をこの本で手にされて、そして「そのシナリオをなぞる練習やラウンド」をすればよいからです。

この「ゴルフメモ」の理解と広がりで、「上達法の100年の歴史が変わる」でしょう。

これからその「ゴルフメモ」の実物を、解説を入れてご紹介します。

その「シナリオ」の一つひとつは、一目でお分かりのようにプロの高度な技術テクニックのような、結果として役には立たない「難しいこと」ではありません。「ごく普通の月イチゴルファー」であった私が、「普通に」やれたものです。つまり、読者のどなたにもやれるはずの、「身近で基礎的なやり方」で、この「ゴルフメモ」は老若男女、キャリア、レベルを問わないすべての読者に、「身近で、現実的に役立つもの」なのです。

この「ゴルフメモ」は、私の他の著書にも入れていますが、その内容はすべて違っています。「更新の軌跡」のようなもので、私自身の考え方や進歩の変遷でもあります。

三 読者専用の「マイ・ゴルフメモ」も、持ちましょう。

ただ、ゴルフのやり方楽しみ方は「人それぞれ」です。これをコピーしたりしてそのままお使いになられても、**「夢の上達マニュアル」**として上達の道はグンと加速するはずです。その上で、これをオリジナルとしてパソコンに入れ込んで「原版」をつくられ、それをより「自分に合う」ように、「自分流」につくり直されることもおすすめします。読者それぞれの**「夢の上達マニュアル」**として、**「マイ・ゴルフメモを持つ」**ということです。

そして私がやってきましたように、気づいたりひらめいたりした時などに画面を見ながら更新していかれたら、そのこと自体の楽しいひと時も過ごせ、そして「自分に合ったゴルフ」ができるようになり、それで、読者の上達も画期的に進み出すはずです。

さらに、練習やラウンドに行かない時など気の向いた時に、画面の一つひとつを見ながらそのシナリオをイメージしているだけでも、大きな練習効果も出るものです。

これが「頭の中での練習」、つまりイメージトレーニングで、それは効果の大きさだけでなく、結構楽しいものでもあります。どうぞ、その楽しみも、これから味わって下さい。

四 私の「ゴルフメモ」(上達マニュアル)

【1】ゲームプラン

これは、ラウンドに当たり、心身の集中をはかる目的とゲームの進め方や作戦面についての、特にメンタルな面について簡単にその留意事項をまとめたものです。ティーグラウンドにただ漫然と立ってスタートするより、全体の攻略作戦やその日のテーマなどをあらかじめ頭に描いておくことで、ラウンドに対しての「計画性」も出せるようにしたものです。

「試すためのラウンド」と割り切って

70歳を過ぎた私ですが、「我がゴルフはまだまだ上昇気配」と楽しみにしており、それに

【1】ゲームプラン

⇒「試すためのラウンド」と割り切って

☆　「縒いのゴルフに収穫なし」⇒「試してみる」ことで身につく。

☞　「まだまだ上昇気配」と、目先のスコアより成長を優先。

☆　ドライバーはフェアウェーキープが第一と220Y辺りに打ち、アイアンは持つべきクラブを持ち、打つべき打ち方をする。

☞　「4時or 3時半」に合わせ、右足首を軸にしてゆっくりインサイドに引き、トップで一瞬止める。
左足5本指と左内股での左足1本で重心を受け止めて、顔を残したまま、ゆったり大きく「悠々スタイル」で打つ。

①　まず「本物」で打つことを意識し、上体の力を抜いて狙う所に向けてビュッと1回、素振りをする。

②　アドレスで右足に重心を置き、それを「捻り柱」としてボールの「4時」を見据え、右足首を支点にしてインサイドにゆっくり引き、トップで一瞬止める。

③　左足に重心を移しながらゆっくり左手から始動し、左足5本指と左内股で重心移動をしっかり受け止めて、顔を残したまま右手で打ち込み、右腕を伸ばしてヘッドを真っすぐ低く走らせる。

☆　顔を残して狙いどおりに真っすぐ打つことを習慣づける。
「本物ならどう打つか」の姿勢で、引出しを増やす。

は、今日のラウンドを、単にスコアをまとめることより、いろいろと挑戦して攻撃の幅や実力を伸ばすためのラウンドにしようと、真っ先にこの言葉を入れたものです。

☆「繕いのゴルフに収穫なし」↓「試してみる」ことで身につく。
👆「まだまだ上昇気配」と、目先のスコアより成長を優先。

スコアを無難にまとめようとすれば、危険を避けて安全な方法を取りがちです。それでもいいのですが、「上昇気配」という感じを大切にしようと、真っ先にこの言葉を入れたものです。「我がゴルフ人生の全盛時代は、70代！」と、これからのゴルフを挑戦を楽しみながらもっと成長させ、謳歌したいと、そういう楽しみな気持ちから出てきているものです。

☆ドライバーはフェアウェーキープが第一と220Y辺りに打ち、アイアンは持つべきクラブを持ち、打つべき打ち方をする。

ドライバーはボールの「4時の辺り」を狙って素振りの感覚でドローボールを打ち、70代となっても220ヤード辺りの**「狙いたい所」**に、逃げずに飛ばすようにします。ドライバーの飛距離は70歳を過ぎた私にとってはこの程度が「相応」と、無理してまでは飛ばさずに、

「フェアウェーキープが第一」とし、これを、70台で回れる要件としています。

一方アイアンは、狙いたい地点をしっかり定め、その距離を打てるクラブを選択し、そのクラブの飛距離で**「打つべき打ち方で、きっちり打つ」**ということです。安易に逃げずに、狙いたい所をしっかり定めて、多少の危険は承知で打つという、**「挑戦のショット」**です。

👇 「4時 or 3時半」に合わせ、右足首を軸にして
ゆっくりインサイドに引き、トップで一瞬止める。
左足5本指と左内股での左足1本で重心を受け止めて、
顔を残したまま、ゆったり大きく「悠々スタイル」で打つ。

これは、ラウンドを進めていくその打ち方と手順を、「ひとまとめ」にしたものです。

「右足首を軸にして」は、右足に重心をかけてアドレスし、バックスウィングに入る時には右足首を意識して、それを軸として上体を捻るようにしています。

「ゆっくりインサイドに引き」は、ドローを打つためのバックスウィングですが、これで上体の捻りも楽にできるようになります。**「トップで一瞬止め」**は、打ち急ぎを防ぐための「間」を取るためです。スウィング時の重心の移動をよりしっかり受け止められるようにと、

「左足5本指と左内股での左足1本で重心を受け止めて」としています。

「悠々スタイル」とは、「挑戦しながらも余裕の姿でゴルフをする」という、私のゴルフの楽しみ方ですが、その姿をこのように表現したものです。

① まず「本物」で打つことを意識し、上体の力を抜いて狙う所に向けて、ビュッと1回、素振りをする。

② アドレスで右足に重心を置き、それを「捻り柱」としてボールの「4時」を見据え、右足首を支点にして、インサイドにゆっくり引き、トップで一瞬止める。

③ 左足に重心を移しながらゆっくり左手から始動し、左足5本指と左内股で重心移動をしっかり受け止めて、顔を残したまま右手で打ち込み、右腕を伸ばしてヘッドを真っすぐ低く走らせる。

この部分は、ゲームプランを「一連の流れ」として、まとめたものです。

「ゴルフメモ」を十数年間続け、更新も折に触れて行ってきたことでこの一連の流れがすんなりと頭に浮かび、それが「一連の動き」にもつながっています。これが「思考回路が整理された状態」といえるもので、この「シナリオ」で、ラウンドを進めていけます。

「本物」とはプロのレベルということではなく、普通のアマチュアとしての、「私が納得できるレベル」という意味での「私自身の言葉＝表現」です。

狙う所に向けて、ビュッと1回、素振りをする。

これは、読者にもよくお分かりのイメージかと存じます。これでこれから打つスウィングへのイメージをつくります。

アドレスで右足に重心を置き、それを「捻り柱」として

アドレスでは、右足に重心をかけ、右足を柱として上体を捻る、ということです。そして**「インサイドにゆっくり引き」**と、これで、上体もよく捻れます。

「左足に重心を移しながら」と、スウィング時には全体重を左足1本にかけます。これで飛ばす場合でも、体勢が崩れてしまうことも防げ、フィニッシュも決まります。

☆　顔を残して狙いどおりに真っすぐ打つことを習慣づける。
　「本物ならどう打つか」の姿勢で、引出しを増やす。

「引出しを増やす」は、状況に応じての攻め方のテクニックを増やす、ということです。私のゲームプランとしては、この2行の言葉で十分とも思っているものです。

私はこれからのゴルフ人生を「悠々のゴルフ人生」として、その中で「まだまだ上昇気配」という、非常に明るく楽しみなものと思えるようになっています。

70代をこれで過ごし、80、90歳を過ぎてもなお、その延長上のゴルフ人生が楽しめる。そういう年代まで、ゴルフを含め、文武両道のいろいろな趣味を楽しみながら元気で過ごせると、そういうこれからのまだたっぷりとある楽しみな長い人生が想像できるようになってきているのです。

【2】全ショット

これはショット全体を「ひとまとめ」にしたものです。スウィングは一瞬に近いごく短い間での動きなので、あまり詳しく書いてもラウンド中には役立たないことが多いものです。そのために、全体のショットを「ごく簡潔にポイントを絞って一つにまとめたもの」です。

左足1本で重心を受け止めて打つ。

「全ショットをこのスウィングで打つ」と、これを、「全ショット」の共通の言葉としてここに出したものです。そして全ショット、「素振りの感覚で打つ」という、自然な流れの「相応のスウィング」を留意しています。

☆**「顔を残して」打ち、繕わない「本物」の打ち方で。**

これも、ドライバーからショートアイアンまでの共通の言葉としているものです。目先のスコアも大事ですが、「繕わない本物の打ち方」でのプレーを心掛けるようにしています。

以下、「全ショット」の「流れ」を、「ひとまとめ」にしたものです。

右足に重心を置き、右足首を軸に、腹を右によじりながら
ゆっくりインサイドに引いて振りかぶりトップで一瞬止め、
左足5本指と左内股での、左足に重心を移しながら始動。

「ゆっくりインサイドに引く」は、先述の通り「ドローを意識したバックスウィングへの、前動作」の流れです。これで、上体の捻りも大きくできます。

「左足1本に重心を移して」から、スウィングを始動します。

インパクトを見届け、左足1本で重心を受け止めて打つ。

「顔を残して打つ」ことを、**「インパクトを見届け」**と表現しています。ゴルフのテレビ中継などで、プロがボールを打つ瞬間の動きは、「この感じだ」として、この言葉を入れたものです。

まずはショット全体の共通部分として、出だしのこの短いシナリオを頭に入れて、それでアドレス時や、スウィング前に思い出しやすいようにしています。

☆ ウッドは、「4時&ハンマー」で無理せずポーンと打つ。

ウッド、主にドライバーを打つ時の留意点を1行にまとめたものです。

「4時&ハンマー打法」で、フェアウェーキープを第一として、無理せずにポーンという感じで、手元でなくヘッドを狙いどおりに真っすぐ走らせ、これで220Y辺りに安全に飛ばします。この打法でそれ位の距離が無理せずに飛ばせるようになっていることで、ポーンという感じでヘッドを目標に放り出す感じの、この余裕の打ち方ができるようになっているものです。

【2】全ショット

⇒左足1本で重心を受け止めて打つ。

☆　「顔を残して」打ち、繕わない「本物」の打ち方で。
右足に重心を置き、右足首を軸に、腹を右によじりながらゆっくりインサイドに引いて振りかぶりトップで一瞬止め、左足5本指と左内股での、左足に重心を移しながら始動。

インパクトを見届け、左足1本で重心を受け止めて打つ。
⇒　ミスすることを恐れず、「試してみる打ち方」をする。

☆　ウッドは、「4時&ハンマー打法」で無理せずポーンと打つ。軽いフックフェースで合わせ、右足に重心をかけて構え、右足首を軸に、インサイドにゆっくり引いて振りかぶり、頭をボールの右に残して、トップで一瞬動きを止める。
「4時」とボールのやや下を狙い、左足1本に重心を乗せてしっかり受け止め、「4時&ハンマー打法」で、30㎝先まで真っすぐポーンと、220Y辺りに。

☆　アイアンは、ボールの底のやや先を掘るように打つ。
「3時半」を見据え、ボールの底を意識してアドレス。

右足首を軸に、ゆっくりインサイドに引き、一瞬止める。

ボールの位置まで左手で打ち下ろし、あとは右手でボールの底のやや先を掘って、ヘッドを低く真っすぐ送る。

☞　「打つべきクラブ」を選択し、ボールの底を掘るよう打つ。

軽いフックフェースで合わせ、右足に重心をかけて構え、
右足首を軸に、インサイドにゆっくり引いて振りかぶり、
頭をボールの右に残して、トップで一瞬動きを止める。

ドローを打つことを意識しての打ち方の一連の手順をまとめているものです。

「軽いフックフェースで合わせ」は、ドローを打つ時の、インパクト時の「右手の返し」をしなくてもすむようにという、「スウィングの単純化」の手段です。

「頭をボールの右に残して」は、アドレスからトップ、そしてスウィングまでの、一連の流れの中で、頭をボールの右に残し、頭の位置を動かさないようにと、これも意識してそのようにしているものです。

「4時」とボールのやや下を狙い、左足1本に重心を
乗せてしっかり受け止め、「4時&ハンマー打法」で、
30㎝先まで真っすぐポーンと、220Y辺りに。

「4時&ハンマー打法」は、小さな杭を軽いハンマーで横に打ち込む時、確実に杭の中心に

当たるように、当てる寸前に一瞬左手を止めてスナップを効かせて打ち込む時のイメージで、第1章でご紹介した打法です。**「真っすぐ」**は、打ち出す方向に真っすぐ、の意味です。

「ボールのやや下を狙い」は、ドライバーはアッパーに打ってボールを上げるようにするために、ボールのやや下の部分を狙って打つようにしているものです。

「30㎝先まで真っすぐポーンと」は、インパクト時にクラブヘッドにブレーキをかけずにボールの位置を通過させながら狙う方向にヘッドを出し、無理せずに打つ感じの表現です。

「30㎝」は厳密な長さではなく、ヘッドをその程度まで真っすぐ出す、ということです。

コースの形状や風向き、風の強さなどで、**「狙う所」**もそれぞれ違ってきます。その中でドローとなることを想定して、落とす地点の**「やや右手」**に向けてヘッドを出します。

私は、70代に入ったという「相応のゴルフ」で、220ヤード辺りを狙って打ちますが、若く体力もあるゴルファーなら、あるいは、「飛ばし命」的なゴルファーなら、ここの部分は、**「ビュッと振って飛ばす」**などという言葉を**「マイ・ゴルフメモ」**に入れられて、あるいは**「300ヤード狙い」**などにも挑戦されたらよいでしょう。可能かも知れませんよ。第1章でご紹介しました「4時打法」は、飛ばしに大きな夢を持っているゴルファーへのその大きな夢を叶える「新しい打法」と、きっとなるはずです。若いうちは挑戦することも大切です。

「ゴルフは、人それぞれ」です。しかし、還暦を過ぎたりして飛ばなくなっていた人でも、200ヤード程度なら、この打ち方で、十分飛ばせるようになるでしょう。「悠々のゴルフ人生」が叶うことを目指し、この「シナリオ」で、その飛距離に挑戦し、叶えましょう。

☆ **アイアンは、ボールの底のやや先を掘るように打つ。**

アイアンは「ターフを取って飛ばす」ことが一般的で、その打ち方を、より具体的にこのように表現したものです。

「3時半」を見据え、ボールの底を意識してアドレス。
右足首を軸に、ゆっくりインサイドに引き、一瞬止める。
ボールの位置まで左手で打ち下ろし、あとは右手で
ボールの底のやや先を掘って、ヘッドを低く真っすぐ送る。

アイアンは、ボールの**「3時半」**を見据え、そこを狙って打ちます。
右足首を軸に、クラブをゆっくりインサイドに引き、トップで一瞬止めます。

これは、アイアンでもドローで飛ばす時の打ち方です。真っすぐ打ちたい場合は、真っすぐ引いたバックスウィングをします。

「ボールの位置まで左手で打ち下ろし、あとは右手で」は、「左手で打ち下ろし、あとは右手で叩く」ということをこの表現としたものです。

「ヘッドを低く真っすぐ送る」は、ボールを上げようと、クラブヘッドを「すくい上げ」ないようにと、これを入れたものです。

「打つべきクラブ」を選択し、ボールの底を掘るよう打つ。

アイアンショットの留意事項を、単純に一口でまとめて表現したものです。

全ショットの共通部分からアイアン特有の部分を加え、その「シナリオ」でのスウィングを心がけています。まだこの部分では、ミドルアイアンとショートアイアンの区別の記述は入れていません。

プレー中には、いろいろと忘れてショットし、失敗しがちなものですが、ショット全体を、ポイントを絞って簡略にまとめておくことで、大事な部分を思い出しやすいようにとして、この「全ショット」の部分をつくったものです。

「マイ・ゴルフメモ」の全体をつくるのは面倒だ、と思われる人は、この「全ショット」の部分だけでも有効となるでしょう。

【3】ドライバー

ドライバーの打ち方を、留意する点とその手順を入れてまとめたものです。

「4時&ハンマー打法」でポーンと打つ。

ドライバーを打つ時の留意点を一言にまとめたものです。「4時の辺りを打つ」。現在は、この一言で、以下の言葉が「自然の流れ」となってショットできるようになっています。

☆右足重心で振りかぶり、左足1本に重心を移しながら始動し、ボールのやや下を、無理せずにポーンと打つ。

☞「4時」とボールのやや下の部分を打つことを意識し、右足首を軸に、ゆっくりインサイドに引き、一瞬止める。左足1本に重心を移し、ボールのやや下の部分を狙い、

左足5本指と左内股で重心移動をしっかり受け止め、

「4時&ハンマー打法」で、無理せずにポーンと打つ。


ドライバーショットでの、アドレスからの一連の流れをひとまとめにしたものです。

飛ばそうと手元に力が入り、肝心のヘッドが走っていない人を時折見かけますが、それは「飛ばない、スライスする」という人のその一因でもあります。**「無理せずポーンと打つ」**は、「ヘッドを走らせる」余裕の打ち方です。これで220Y辺りに飛ばすようにしています。

今やこれだけでも十分ですが、①から⑥へと、その手順を記しています。

① 肩の力を抜き、狙う所に向けてビュッと素振りする。
② ボールの「4時」を見据えて軽いフックフェースで合わせ、右足にしっかり重心を置いてアドレス。
③ 右足首軸をしっかり固定し、右足を「捻り柱」として、肩と腰を回してゆっくりインサイドに振りかぶる。

「軽いフックフェースで合わせ」は、インパクトでの右手の返しの必要がないようにと、こうしているものです。「スライス傾向」のある人には特におすすめしたい部分です。

④　トップで動きを一瞬止め、ボールのやや下を狙って、
⑤　左足1本に重心を移しながらゆっくり始動し、
「4時&ハンマー打法」とヘッドの遠心力を意識し、
⑥　左足1本にしっかり重心を乗せて、顔を残したまま
ヘッドをボールの30㎝先まで真っすぐ、220Y辺りに
ポーンと打ち、きっちりフィニッシュを決める。

ドライバーでのアドレスからフィニッシュにかけて、素振り感覚での一連で動きます。ティーアップする位置は左のティーマーク近くにし、フェアウェーセンターのやや右手に向けて視界を広く取り、フェアウェーキープが第一と、無理せずにポーンと打ちます。
それで、少し右に飛び出した飛球が左に戻ってきて、いわゆるドローとなるわけです。「素振り感覚」で、クラブを振っている途中で、「ヘッドの遠心力を利かして」ボールをポーンと吹っ飛ばしていきますから、インパクトでのブレーキがかからず、ヘッドの向きが変わることも防げます。これまで上手く飛ばせなかった人やスライスなどで悩んでいた人も、この、ヘッドを走らせる「シナリオ通り」に打てれば、それらがウソみたいに解決します。

【3】ドライバー

⇒「4時＆ハンマー」でポーンと打つ。

☆　右足重心で振りかぶり、左足1本に重心を移しながら始動し、ボールのやや下を、無理せずにポーンと打つ。

☞　「4時」とボールのやや下の部分を打つことを意識し、右足首を軸に、ゆっくりインサイドに引き、一瞬止める。左足1本に重心を移し、ボールのやや下の部分を狙い、左足5本指と左内股で重心移動をしっかり受け止め、「4時＆ハンマー打法」で、無理せずにポーンと打つ。

①　肩の力を抜き、狙う所に向けてビュッと素振りする。

②　ボールの「4時」を見据えて軽いフックフェースで合わせ、右足にしっかり重心を置いてアドレス。

③　右足首軸をしっかり固定し、右足を「捻り柱」として、肩と腰を回してゆっくりインサイドに振りかぶる。

④　トップで動きを一瞬止め、ボールのやや下を狙って、

⑤　左足1本に重心を移しながらゆっくり始動し、「4時＆ハンマー打法」とヘッドの遠心力を意識し、

⑥　左足1本にしっかり重心を乗せて、顔を残したままヘッドをボールの30cm先まで真っすぐ、220Y辺りにポーンと打ち、きっちりフィニッシュを決める。

☞　「4時＆ハンマー打法」で、ポーンと220Y打つ。

☞「4時&ハンマー打法」で、ポーンと220Y打つ。

これが、ドライバーショットの無理をしない私の打ち方を、一言でまとめたものです。

ドライバーは、無理して飛ばそうとはせず、フェアウェーキープでの220Y狙いです。

ただ、もっと飛ばしたいと思っておられる人は、「ポーンと」という表現でなく「ビュッと振って」などとして、それを「マイ・ゴルフメモ」に入れられるとよいでしょう。

先述のように、70歳を過ぎた私は、220ヤード前後の飛距離のドローボールが楽に打て、時には250ヤード辺りを狙ってひっぱたきますが、これからの課題は、現在のこの飛距離を落とさないようにし、それを70代、80代となっても保てるようにするということで、それが大切だと考えています。すでにその方策はつかんでおり、その動きにも入っています。それについては、この先の章でご紹介します。

フェードを持ち球としておれば、安全ではありますが、老化による体力の衰えや体が硬くなるとともに、飛距離は早く落ちていくでしょう。

しかし、ボールの「4時」を狙う、つまりスウィング軌道に正対する部分を打つドローへの「素振りのようなスウィング」が身につけば、飛距離はずっと永く保てるでしょう。

【4】ミドルアイアン

私は、還暦を境に、「ゴルフを易しく」という考えから、3I、4Iをセットから外し、易しく打てて距離も出せるクラブとして、7W、9Wを入れています。この2本は、ミドルアイアンとほぼ同じ感覚で打つということで、この項に含めています。

ボールの底のやや先を掘って

ターフを取って打つミドルアイアンの打ち方の留意点を、一言でまとめたものです。

☆　**スタンスをやや狭め、ボールの「3時半」を見据え、**
ボールの底を掘って打つことを意識してアドレス。
芝を傷つけることを気にせず、右手で打ち込む。

ミドルアイアンの留意する点を、これは一連の流れとして簡単にまとめたものです。今はこの部分だけでミドルアイアンの打ち方は十分、という感じになっています。

「ボールの底を掘って打つことを意識してアドレス」は、私の昔からの悪いクセの一つ、「クラブヘッドですくい上げて打つ」ことが今も時折出ることがあるため、それを防ぐ狙い

【4】ミドルアイアン

⇒ボールの底のやや先を掘って

☆ スタンスをやや狭め、ボールの「3時半」を見据え、ボールの底を掘って打つことを意識してアドレス。
芝を傷つけることを気にせず、右手で打ち込む。

☞ 「すくい上げ」が、アイアンのミスのすべての元凶。
ボールの底を掘る打ち方で、右手で真っすぐ出す。

☞ ボールの位置まで左手で打ち下ろし、右手で叩く。
どれくらい打てばオーバーするかも、時には試す。

① クラブをワングリップ短く握り、ボールをやや内側に置き、「3時半」を見据え、ボールの底を掘る意識で、右足にしっかり重心を置き、その「捻り柱」を意識し、

② 右足首軸を固定して、腹を右によじりながら始動して、

③ ゆっくりインサイドに引き、トップで一瞬動きを止める。

④ 右足重心のまま、「3時半」を見据えてゆっくり始動し、

⑤ 左足5本指と左内股で重心移動を受け止め、顔を残し、ボールの底のやや先を掘ることを意識して、

⑥ ボールの位置まで左手で打ち下ろし、狙いに真っすぐ右手でボールの底のやや先を掘るよう打ち込んで、そのまま右手を伸ばして真っすぐ低く、ヘッドを出す。

☞ ボールの底のやや先を掘って飛ばす打ち方を徹底。

での言葉を入れているものです。**「ボールの底を掘る」**は、「ボールの底のやや先を掘る」ということで、「ターフを取って打つ」ということをこの現実的な言葉で表現しています。

「芝を傷つけることを気にせずに」は、「プロほど深くターフを取ることはないから」ということからの「気にせずに」ということで、「思い切って打ち込め」という意味です。

「すくい上げ」が、アイアンのミスのすべての元凶。

ボールの底を掘る打ち方で、右手で真っすぐ出す。

ボールの位置まで左手で打ち下ろし、右手で叩く。

どれくらい打てばオーバーするかも、時には試す。

アイアンのアドレス時の留意点を入れたものです。「すくい上げないように」と意識し、ボールの「やや先を掘る」意識で打ち込みます。強気に突っ込む場合の飛ばし加減をつかむために、**「どれくらい打てばオーバーするかも、時には試す」**として入れています。

次の①から⑥が、ミドルアイアンの打ち方の手順です。

① クラブをワングリップ短く握り、ボールをやや内側に

置き、「3時半」を見据え、ボールの底を掘る意識で、
右足にしっかり重心を置き、その「捻り柱」を意識し、

ここは、状況により、「左ベタ足に重心をかけたままにしておく」場合もあります。

「捻り柱」は、「右足を柱のようにして、それを中心として上体を捻る」ということです。

② 右足首軸を固定して、腹を右によじりながら始動して、
③ ゆっくりインサイドに引き、トップで一瞬動きを止める。
④ 右足重心のまま、「3時半」を見据えてゆっくり始動し、

ここも、状況により、左足に重心をかけたままでスウィングする場合もあります。

また、状況により、ストレートかフェードを打つために「3時」を狙い、インサイドではなく、クラブを真っすぐ引く場合もあります。それらは承知のこととして、省略しています。

⑤ 左足5本指と左内股で重心移動を受け止め、顔を残し、
ボールの底のやや先を掘ることを意識して、
⑥ ボールの位置まで左手で打ち下ろし、狙いに真っすぐ

右手でボールの底のやや先を掘るよう打ち込んで、そのまま右手を伸ばして真っすぐ低く、ヘッドを出す。

アイアンは、クラブが短くなり、また上から打ち込むために、「4時」よりやや真後ろに近い「3時半辺り」を、要は、「スウィング軌道に正対する部分を打つ」ということです。

前述のように、ストレートやフェードを打つ場合は、真後ろの「3時」を狙います。

ボールの底のやや先を掘って飛ばす打ち方を徹底。

「すくい上げがアイアンのミスのすべての元凶」と自分に言い聞かせるために、「徹底」と、この言葉をミドルアイアンの締めくくりに入れています。

狙う所を頭に入れ、「3時半」にヘッドを合わせ、頭の位置を動かさずに上から打ち込んでボールの底のやや先を掘って飛ばします。これで、アイアンも、易しく感じだします。

ゲームプランの所に入れました「試す」とか「繕い」とかの言葉は、主としてこのミドルアイアンの部分にその意図が入っているものです。それは「バーディーを狙うための試し」であり、安易にパーを拾いに行くやり方での「繕いをしない」ということです。

バーディーを狙うため、時には危険を承知で狙うことを「試す」、そのためのラウンド。そして、無難な所を狙ってのパー狙いという「繕い」。これも、スコアをまとめるためには大切な部分ではありますが、「まだまだ上昇気配」というなかで、より成長させるために、時には挑戦してみるということで、「今日のラウンドの狙いはそこにある」ということです。

3Wなどのフェアウェーウッドは、私のゴルフメモでは省略しています。これは、ボールのライなどの状況によってドライバーかミドルアイアンのどちらの打ち方にするかを判断するようにしていますが、それは承知のこととして省略しているものです。

これも、2打目地点からグリーンを狙ったり、2打では届かない長いロングホールなどで、バーディーが狙える所に持って行ったりするために、そこを狙って、時には「危険を承知で試す」こともやります。それも、「今日のラウンドの楽しみ」としているものです。

【5】ショートアイアン

短いミドルホールの2打目、ロングホールの3打目などアプローチが中心の、スコアメイクのカギを握るクラブです。距離と方向の、両方の精度が必要です。基本的にはピンを狙うようにしていますが、状況によっては安全策をとることもあります。

ショートアイアンは、クラブが短い分、上から「縦打ち」で打ち込んでいました。しかし時にトップやダフリなどの凡ミスが出ることがあり、「やや横打ち」とすることで、これを防ぐようにしたものです。結果として距離も合いやすくなり、この言葉を冒頭に置いたものです。ショートアイアンは、「この一言だけで十分な感じ」もしています。

「やや横打ち」で

☆ 1、2回、軽い素振りをしてイメージをつくる。

☞ それで距離と落とす所をしっかりとイメージし、
ハンドファーストで、右足にしっかり重心を置き、
腹を右によじってゆっくり振りかぶり、一瞬止める。
「やや横打ち」で、ボールの底を掘る打ち方で、
顔を残したまま右手でヘッドを真っすぐ低く出す。

【5】ショートアイアン
⇒「やや横打ち」で

☆　1、2回、軽い素振りをしてイメージをつくる。

☞　それで距離と落とす所をしっかりとイメージし、ハンドファーストで、右足にしっかり重心を置き、腹を右によじってゆっくり振りかぶり、一瞬止める。
「やや横打ち」で、ボールの底を掘る打ち方で、顔を残したまま右手でヘッドを真っすぐ低く出す。

☞　使うべきクラブを選択し、攻めの引出しを増やす。

①　クラブをワングリップ(以上)短く握り、ボールは気持ち内側に置いてスタンスを狭め、

②　左腋を締め、ボールの「3時半」をしっかり見据え、フェースをやや立てて、左手甲をしっかりさせる。

③　右足にしっかり重心を置き、その「捻り柱」を意識し、左足5本指もしっかりさせて、アドレスを決める。

④　腹をよじりながらゆっくり振りかぶって一瞬止める。

⑤　手を、距離に合わせた高さから、やや「横打ち」で、顔を起こさぬよう、ボールの底を掘ることを意識し、

⑥　左手はボールの位置で止め、あとは右手を使い、ボールの底を打って、大胆に真っすぐ低く送る。

☞　上げるか転がすかでの、攻めの引出しを増やす。

使うべきクラブを選択し、攻めの引出しを増やす。

ショートアイアンの一連の流れをまとめたものです。1、2回軽い素振りをしながら落とし所と打ち方をイメージし、アドレスするようにしています。

ここも、ストレートやフェードを打つ場合は「インサイド」ではなく、「真っすぐ引く」ようにしていますが、それは承知のこととして省略しています。

「一瞬止める」は、これも打ち急ぎを防ぐために、トップの状態で動きをほんの一瞬止める、ということです。ショートアイアンも、軽く**「ボールの底を掘る」**打ち方をします。

「攻めの引出しを増やす」は、状況に応じたアプローチをするようにと、そのための技の数を増やすということで、また、そのための**「使うべきクラブ」**を使うということです。

グリーン周りからのショートアプローチは、9IやPWを使っての「ピッチエンドラン」を得意としていますが、その打ち方はすでに承知のこととして省略しています。

この部分だけでほぼ十分となっていますが、次の①から⑥で、その手順を入れてあります。

① クラブをワングリップ（以上）短く握り、

ボールは気持ち内側に置いてスタンスを狭め、

スタンスは、ごく近い距離の場合は両足をそろえてグッと腰を落とすこともやります。アプローチは飛ばすものではありませんので、重心移動はさせないようにしています。

② 左腋を締め、ボールの「3時半」をしっかり見据え、
　フェースをやや立てて、左手甲をしっかりさせる。

「左手甲をしっかり」は、グリップをしっかり握るということです。左手の小指でしっかり握ります。ヘッドのブレや、そのことによるシャンクなどの凡ミスを防ぐように注意しています。短いアプローチの場合は、ボールの真後ろの「3時」に合わせます。

③ 右足にしっかり重心を置き、その「捻り柱」を意識し、
　左足5本指もしっかりさせて、アドレスを決める。

この部分は、重心移動と体の上下動を抑える意味で入れています。

④ 腹をよじりながらゆっくり振りかぶって一瞬止める。

「一瞬止める」は、トップで一瞬動きを止めることで、振り急ぎを抑えるためです。

⑤ 手を、距離に合わせた高さから　やや「横打ち」で、
　顔を起こさぬよう、ボールの底を掘ることを意識し、

⑥　左手はボールの位置で止め、あとは右手を使い、
　　ボールの底を掘って、大胆に真っすぐ低く送る。

「ボールの底を掘る」ということは、ミドルアイアン同様の打ち方です。

「距離に合わせた高さから」は、飛ばす距離などで手の高さを調整しているものです。

ボールの位置までは左手でリードさせ、打つ直前辺りから右手主導に変え、右手を使って狙う方向へとヘッドを出します。左手は止まってしまわずに右手と一緒に動いていきますが、意識として右の⑥の表現としているものです。

「大胆に真っすぐ」は、ショートし過ぎないようにと、そう入れているものです。

スタンスを狭めて腰を落とし、頭の位置を動かさないようにしながらスウィングをし、右手と、それによるクラブヘッドを「目標に真っすぐ」出していくように心がけています。

フィニッシュの時のグリップの高さは顔の辺りで止めるケースを多くしていますが、それは、狙う距離やボールを上げる高さなどにより、それぞれ、自然な流れとしています。

ボールを上げたり転がしたりと、状況により打ち分けますが、それは承知のこととして、この「ゴルフメモ」には省略しています。

また前述のようにグリーンエッジやその近くからは、「寄せワン狙い」での「９ＩやＰＷ

での「ピッチエンドラン」を、得意としています。この場合は、シャフトぎりぎりにクラブを短く握り、両足を揃えるほどに狭め、腰をグッと落として下半身を動かさないようにします。グリーンの傾斜や芝目を読み、カップへの転がりを計算して落とし所を決めます。そこに、チョーンという感じでヘッドを送って落とすようにし、カップに寄せるようにしています。

上げるか転がすかでの、攻めの引出しを増やす。

これからの楽しみなテーマとして、ショートアイアンの最後に入れたものです。

【6】パッティング

パッティングの留意事項とその手順です。

ネバーアップ、ネバーイン！

これは、「届かなければ、入らない」と、パッティングの常識でありますが、その当たり前のことを、パッティングの冒頭に入れ、常に頭に置くようにしたものです。

☆　ボールから、若干離れて立ち、
　これまでは、立つ位置がボールに近すぎ、やや窮屈な感があったため、これをまず入れて、ボールから30㎝程度と、若干離れて立つようにしたものです。
　左手小指でしっかりグリップし、右手親指で
　グリップの水平面をしっかり押さえてアドレス。
　パッティングでヘッドの向きがぶれないようにと、このアドレスにしたものです。

☞　ラインと強さを、しっかり頭にきざみ、
　フェースをラインに合わせ、左手甲をその位置で
　止めたまま、ラインに乗せるようにヘッドをおくる。
　パッティングで留意することをまとめたものです。左手甲をできるだけ動かさないようにすることを**「その位置で止めたまま」**と表現し、その意識でパッティングを行っています。
　このままでパッティングは十分ですが、その手順を①から④へとまとめています。

①　**転がるラインと速さをしっかり読み、**

【6】パッティング

⇒ネバーアップ、ネバーイン！

☆　ボールから、若干離れて立ち、左手小指でしっかりグリップし、右手親指でグリップの水平面をしっかり押さえてアドレス。

☞　ラインと強さを、しっかり頭にきざみ、フェースをラインに合わせ、左手甲をその位置で止めたまま、ラインに乗せるようにヘッドをおくる。

①　転がるラインと速さをしっかり読み、腹に力を入れて、下半身をどっしり構える。

②　ボールの右側を見る感覚で首をやや右にかしげ、ラインと強さをしっかり確認しながら、

③　左ひじを左わき腹につけ、フェースをきっちり合わせ、右手親指でグリップの水平面をしっかり押さえ、

④　左手甲をその位置にしっかり止めたまま、ラインに沿って、ヘッドをゆっくり右に引き、カップをややオーバーさせるつもりで、ラインに乗せるように真っすぐヘッドをおくる。

☞　「ネバーアップ、ネバーイン！」と、気持ちを集中させ、乗せるラインに真っすぐ、ややオーバーさせるように、きっちりおくる。

腹に力を入れて、下半身をどっしり構える。

②ボールの右側を見る感覚で首をやや右にかしげ、
ラインと強さをしっかり確認しながら、

③左ひじを左わき腹につけ、フェースをきっちり合わせ、
右手親指でグリップの水平面をしっかり押さえ、

④左手甲をその位置にしっかり止めたまま、
ラインに沿って、ヘッドをゆっくり右に引き、
カップをややオーバーさせるつもりで、
ラインに乗せるように真っすぐヘッドをおくる。

「ボールの右側を見る感覚で首をやや右にかしげ」というのは、ボールを真上から見るより
ラインが見やすく、またそのラインに乗せやすいため、そのようにしているものです。

👇「ネバーアップ、ネバーイン！」と、
気持ちを集中させ、乗せるラインに真っすぐ、
ややオーバーさせるように、きっちりおくる。

パッティングは微妙なタッチを必要とするものですから、これは、「自分流」での得意なやり方でおやりになればいいものです。

ゴルフメモにある私のパッティングのやり方は、長い試行錯誤の末にそのようになっていったもので、ラウンドなどで気づいたことなどをパソコンの画面を見ながら、そして部屋のカーペットの上でそれを確認したりしながら、まとめ上げたものです。

我々アマチュアは、コースに行った時以外は、パットの練習をする機会は少ないものですが、ゴルフメモをつくり、画面を見たりしながら部屋のカーペットで練習することも有効です。カーペットでの練習は真っすぐしか行かないから練習にならないと考えられがちですが、パットはスライスもフックもそのように曲げて打つのではなく、「ラインの頂点に向かって真っすぐ転がす」ことが基本ですから、カーペットの上での練習も、十分効果はあるものです。短いパットをよく外すような人には、「真っすぐ打つ練習」は特に有効でしょう。

五　「ゴルフメモ」の「シナリオ」に沿っての練習やラウンドを。

私の「ゴルフメモ」を、解説を入れてご紹介しました。

一般的には「複雑で難しい」とされているゴルフですが、このように、簡潔な短い言葉で分類して整理し、まとめますと、それが「ウソみたいに易しく感じる」ようになれるのです。

クラブを動かし、ゲームを進めていくのは、「頭」です。

「頭」が「体に的確に命令する」ことで、体も的確に反応します。それがいいショットに反映します。逆に、「頭」が「間違った命令」や「勘違いした命令」を下したり、思考回路がもつれているような状態で上手く命令できないでいるために、上手く進めず、上達への道を遅らせたりストップさせたりしているゴルファーが多いはずです。30年近く続いた「迷走時代」の私も、そうでありました。もつれた思考回路のまま、ただ感覚的にボールを打つだけの練習やラウンドをしていたもので、そういう人も多いはずです。それが、「練習しても、ゴルフを何年やっても、なかなか上手くなれない」という、原因の一つなのです。

この、**「ゴルフメモのシナリオに沿っての練習やラウンド」**が、読者のこれからのゴルフを簡単着実に上達へと進めてくれます。これが、**「夢の上達マニュアル」**と呼ぶゆえんです。

的確な命令が体に伝わってのスウィングならば、それがいいショットにつながります。

その的確な命令を下す引き金として、「的確な短い言葉」を「シナリオ」としてつくって用意しておき、「その言葉の命令を、体の動きにうまくつなげる形」での練習をする。

「ゴルフメモ」を練習場に持参し、各クラブを打つ前に打席の後ろのベンチなどでそれを見て頭に入れ、その**「シナリオをなぞる練習」**で、練習効果がグンと大きくなります。

また、それが、実際のラウンド中にも自然に思い出されるようになり、「的確な命令」として、的確な判断や、いいスウィングにも瞬時に「流れ」で対応できるようになるのです。

そして、それらの言葉が、「ポイントをついた、自分に合った、より的確な言葉」であるほど、実戦での的確なスウィングや攻め方への「的確な体の動き」を導いてくれます。

その言葉のレベル、つまり技術面でのレベルを上げたり見つけ出したりするのがパソコンの画面を見ながらの「ゴルフメモの更新作業」で、これも結構楽しいものです。

そしてまた、「4時の辺りを打つ」など、その「短い的確な言葉の発見」そのものが、「技術理論の向上」として、「技の向上への確かな階段」ともなるのです。

またそれらをさらに吟味し磨くということで、「技」のレベルをさらに上げ、それによる体の動きへの「命令」がより高度のプレーに反映します。

つまりよりいいプレーにつながり、いいスコアにつながります。そしてそれらが継続し、「自分に合ったゴルフ」が身につくということで、ゴルフの腕もさらに上がっていくという「いい循環」となっていくのです。

六 「原始的な従来の練習方法」が、上達を遅らせていた。

ゴルフ歴四十数年の曲折の中で、十数年かけて磨いてきた「言葉」を整理してまとめてあるのが、「私のゴルフメモ」です。読者は、私が費やした四十数年の曲折を経ずに、読んだその時点から、私のレベルの「言葉（知識・技術理論）」を手にされたことになります。

そのレベルから、そしてその**「シナリオ」**で、読者の皆さんは前に進めるのです。アッという間には上達しませんが、取り組んでいる中で上達への道が着実に加速しだすはずです。

「ゴルフを何年やっても上達できないままでいる」、というゴルファーが多いものです。

その原因には、まず「頭（知識・技術理論）が起因している場合が多い」のですが、従来の練習方法、上達法そのものも、「上達を遅らせたり、阻んだりしていた」のです。

上達への道を「技」のみで追い求め、しかもその「技」が、自分には合っていない。技術書などを読んで知識は得ても、それが練習やラウンドにはなかなかつながらない。

ボールを打つことだけを練習と思い込み、しかしボールを打っても上達には結びつかない。

大多数のゴルファーがこういう状況にありながら、ずっと長い間、変わらぬ練習法や上達法を続けてきました。それしかなかったからでしょう。しかも「3時に当てにいく」ような不自然な打ち方で。それで、一部の人しか上達できない状況でずっと推移してきたのです。

しかし、この、**「ゴルフメモのシナリオに沿っての練習やラウンド」**が、ゴルフが日本に入ってきて以来１００年余りの、「原始的ともいえる練習方法や上達法」を変えます。

なかなか上達できない「ただ感覚的にボールを打つだけ」、というこれまでの効果の薄い上達法からは、この本によって脱皮できます。それで、着実に上達へと進み出すでしょう。

ゴルフを本当に「おもしろい」と感じる時は、「上達しだしている」と感じながら練習やラウンドをしている時ではないでしょうか。この「ゴルフメモ」の「シナリオ」で、それが味わえるように、きっとなれるはずです。

七 なぜ、従来の技術書が読者の上達につながらなかったか。

この本で、「アマチュアとしてのゴルフは、本来は単純で易しいものだ」と述べています。

しかし、ほとんどのゴルファーが、「ゴルフは複雑で難しい」と思っているはずです。

その理由については、70歳を過ぎた今の私には、明快に分かっていることです。

その一つは、「ゴルフが日本に上陸して以来100年以上にわたって無数に出版されてきたプロなどによって書かれた技術書により、その技術理論がやたら複雑にされ、分かりにくくされ、実行しにくくされ、ゴルフが難しくされ、盲点もあったそれを、プロとはゴルフ環境がかけ離れた、我々アマチュアがやろうとした結果である」と、私には明言できるのです。

我々普通のアマチュアのゴルフには、実は「難しい理論や技術は不要」だったのです。

過去に読んだどの本にも、打ち方や飛ばし方などの「いい方法」が、懇切丁寧に書かれていたようです。しかしその方法も、実行が難しく、また、てんこ盛り的にそれらを羅列するような本では知識も断片的にしかつかず、その知識もプレーにはつながらず、上達の役には立たなかったものです。その繰り返しの経験から、「ゴルフの本は、読んでも一緒」などと自分の役には立たないものとして、多くのゴルファーが技術書から離れていったはずです。「ゴルフをやたら難しくさせたのが、上達法の100年の歴史だ」、とも言えるでしょう。

それを変えるべく、読者が易しく打てるショットの手順などを「一連の流れ」として実行できるように具体化したのが、**「夢の上達マニュアル」**となるこの「ゴルフメモ」なのです。

この本を手にされた段階で読者には、「70台で回れる易しい実行理論」が手に入りました。その実行理論（シナリオ）はわずか6つの項目に分類され、それぞれが同じ形をした、短い言葉で簡潔に整理され、まとめられたものです。それを、項目毎の留意事項を頭に入れたり、「シナリオ」の手順に沿ったりして、読者は各クラブのスウィングをしてみればいいだけというように、単純に易しく実行できるようになります。

これは、「どなたにもできる、易しいやり方」なのです。

例えばドライバーショットでは、

① 肩の力を抜き、狙う所に向けてビュッと素振りする。

と、これからのショットをイメージして、その通りにビュッとクラブを振ってみましょう。

練習場や本番でも、ショットの前にまずその通りの素振りをやりましょう。

② ボールの「4時」を見据えて軽いフックフェースで合わせ、

と、その「しぐさ」をやってみましょう。練習場や本番でも、それをやりましょう。
右足にしっかり重心を置いてアドレス。

と、その「しぐさ」をやってみましょう。練習場や本番でも、それをやりましょう。
③ 右足首軸をしっかり固定し、右足を「捻り柱」として
肩と腰を回してゆっくりインサイドに振りかぶる。

と、その「しぐさ」をやってみましょう。練習場や本番でも、それをやりましょう。
④ トップで動きを一瞬止め、ボールのやや下を狙って、

と、これはサッと上げてサッと振り下ろさないようにという、打ち急ぎをしないための留意事項です。「ボールのやや下を狙って」は、高いボールを打つためです。
⑤ 左足1本に重心を移してゆっくり始動し、
「4時&ハンマー打法」とヘッドの遠心力を意識し、

と、その「しぐさ」をやってみましょう。練習場や本番でも、それをやりましょう。左足1本に重心を移しながら、「4時&ハンマー打法」と、「ボールはヘッドの遠心力で飛ばす」と素振りの時の打ち方を意識してスウィングに入ることです。
⑥ 左足1本にしっかり重心を乗せて、顔を残したまま、

ヘッドをボールの30㎝先まで真っすぐ、220Y辺りに
ポーンと打ち、きっちりフィニッシュを決める。

と、その「しぐさ」をやってみましょう。**「ヘッドをボールの30㎝先まで真っすぐ」**は厳密な長さではなく、フォローを大きく取るための意識としてそうしているものです。**「ポーン」**とは、現在の私の打ち方の表現ですが、フェアウェーキープを第一としているためにクラブをさほど強振しないことをこう表現しているものです。これで220Y辺りに飛ばしています。もっと飛ばしたいと思っている人は、ここは「ビュッと振って」とされたらよいでしょう。

これまで多くのゴルファーが、ドライバーショットを複雑で難しいものとして難しく考えて、上手く打てず、上手く飛ばせず、左右どちらにでもよく曲がり、あるいは力を入れるとスライスしてしまうなどそれぞれの悩みをかかえながら、それがなかなか解決できず、頭がまとまらない複雑な技術理論のままで、長い年月苦労しておられたのではないでしょうか。

しかし、ドライバーの打ち方の理論や技術というものは、もう、難しいものでも大げさなものでもなくなります。この「簡潔な、6つの易しい手順」だけで十分解決できるのです。

その手順を「シナリオ」として、それに沿って、「一連の流れ」つまりスウィングとして繰り返せばいいだけという、読者にとっての、まさに**「夢の上達マニュアル」**となります。

他のクラブやパッティングなども、同じ要領でやるだけで、簡単着実に上達できるのです。

さらにパソコンで「マイ・ゴルフメモ」をつくられた人は、気の向いた時にそのパソコンの前に立って、画面を見ながら、一つひとつの「しぐさ」やシャドウスウィングをするようにすれば、より楽しく、手軽に、その「手順・シナリオ」が身につくようになります。

練習場では、その「ゴルフメモ」を見て各クラブの「シナリオ」を頭に入れ、その手順で打つようにすれば、従来の原始的なやり方より練習効果もはるかに上がるようになります。

やがて、その「シナリオ」が頭に入り「自分流」となれば、練習場でも本番でも**「ゴルフメモを見なくても、普通に、いいショットができる」**ようになります。

この「ゴルフメモ」の活用で、読者は、ショットの理論や技術が、「一連の流れ」として簡潔に整理して理解され、それでゴルフも易しくなり、上達がグンと加速しだすはずです。

私は、従来の技術書のすべてを否定しているわけではもちろんありません。ゴルフを難しいものとさせてしまった、教えに「盲点」があり、それが読者の上達を致命的に阻んでいたと気づいているのです。これまでに読まれたそれらの本の中に、気に入った部分があれば、それを「マイ・ゴルフメモ」に入れ込みますと、より読者に合うものもできるでしょう。

「なぜ」の理由は、「体」と「心」にもあり、それも次章以降で順次解明していきます。

第3章

「上達への特効薬」ともなる「ゴルフ体操」。

上達へのこんな手軽な方法もあったのです。
「奥儀」も「シナリオ」も着実に身につき、
上体を柔軟にさせ可動域を拡げることもできます。

一　「ゴルフ体操」とは。

この章では、「体」の部分での大きな要因の一つ、「体の柔軟性と可動域の拡げ」に有効な、易しい方策をご紹介します。また「4時打法」と「ゴルフメモ」をご紹介しましたが、この「体操」でその習慣づけもでき、それがより確実に「頭」と「体」に身につくようにもなります。読者の上達をグンと進め、「人それぞれ」という中で、飛ばせる熱いゴルフがずっと永く楽に続けられるようにもしてくれ、「上達への特効薬」ともなり、いつでもどこでも、という感じで手軽にできて、お金もかからず効果も格別となる、簡単な体操です。

こんな簡単なことの理解と実行で、「いうことを聞く体」としての滑らかなスウィングもできるようになります。これからの読者のゴルフ人生は、グンと「いい方向へ」と変わっていけます。それを、私は「ゴルフ体操」と名づけ、始めてから19年余、折にふれて実行し、「月イチでも70台。全盛時代は70代」となれた大きな要因と、その効果を実感しています。

これは、

第一体操　上体の柔らかな捻りと肩回し、軽い腕振りの体操。

第二体操　上体のぎりぎり捻りの、両手の振り上げ体操。
第三体操　シャドウスウィング。

の3段階に分け、折に触れて、それらを組み合わせて数回～10回程度でも行えば、それでいい効果が得られます。これは、滅多に打ち放しにも行かなかった私が、「月イチでも70台」、さらに「我がゴルフ人生の全盛時代は70代」、そして「70代前半からのエージシュート」という目標が浮かぶようになれた要因の一つともなっているものです。

二 「ゴルフ体操」の目的と効果

この体操をやることの目的や、期待できる効果は、

① 「4時打法」と「シナリオ」の、「頭」と「体」への植えつけ。
② よく肩の回る、上体の柔らかい使い方を覚え、その習慣づけをする。
③ 上体の柔軟性の維持増強と、可動域の拡げ。
④ 「ゴルフモード」にスイッチが入る。

というような点です。これらが、無理なく自然に「複合的に」身につきます。体が硬くなってくる、体がいうことを聞きにくくなってくるという、練習も不足がちな、特に中高年ゴルファーにとっては、そのカバーにもなり、極めて有効となるものです。

〔一〕第一体操　上体の柔らかな捻りと肩回し、軽い腕振りの体操。

まずその手順から記します。読者が、ご自分のスウィングのフォームを、変則的あるいは我流と感じている人や、ボールの真後ろ、「3時」を打つことでの後遺症で変なスウィングのクセが染みついているような人であれば、そのフォームをしばらく忘れ、「以下に書いてある動作」やイラストのフォームをしっかりイメージしながら、あるいは辿りながら読まれるとよいでしょう。「4時打法」の、「頭」と「体」への植えつけにもつながります。

①　地面にボールがあると想定して、その「4時」（または「3時半」）に狙いをつけ、
②　スタンスを肩幅程度にとり、上体（肩）の力をうんと抜く。
③　尻を後ろに少し突き出し、上体をやや前傾させ、

右足に重心をかけ、左足は5本指に力を入れて地面や床にしっかりつける。

④両腕を揃えて伸ばし、手の間隔を数センチ開け、ボールを打つ前の、アドレスの状態にする。

⑤ボール（目印）の「4時」を見たまま、頭の位置も動かさないようにして、

⑥右足首を支点にして、左肩がボール（目印）の右にくるまでゆっくりと捻り、それに連れて、両手を右肩の上まで回す。（バックスウィング）

⑦そのままその状態で一呼吸静止。

⑧ボール（目印）の「4時」を意識して、左足5本指に力を入れて両手をゆっくりと振り下ろしはじめる。（ダウンスウィング）

⑨重心移動を左足5本指と左内股（股関節）でしっかり受け止め（2点絞り）、

⑩上体を捻り戻して右肩を顎の下まで回しながら、軌道が「4時」を通過するようにさせて真っすぐ振り、両手を左肩から首の後ろまで回す。（フォロースウィング）

⑪頭の位置を動かさず、目を、ボールを見たままの状態に保ちながら、⑤から⑩までの「肩回し、腕振り」の運動を、ゆっくり繰り返す。

◉第一体操

上体の力をうんと抜き、左右の肩を入れ替えるように顎の下までゆっくり回す。手は肩の動きに連れて自然に肩の上まで上げたり下ろしたりする。これを繰り返す。

思いついた時に、ちょっとこのしぐさをやるだけでも効果があり、それが「いいスウィングフォーム」を植えつけることにもつながります。これを習慣づけましょう。

この体操では上体の力をうんと抜いて、⑥と⑩で両肩が入れ代わるよう意識し、「頭を動かさないようにして、素直で滑らかな上体の捻りと肩回し運動の繰り返し」が大切です。

①から⑪までと、一見複雑な動きのように見えますが、要は「上体の柔らかな捻りと肩回し、軽い腕振りの体操」です。１０５ページイラストのイメージでこれを繰り返すことで、いいスウィングへの「一連の自然な流れ」となって、やがてそれが簡単な動きとして身につくようになります。

1、「第一体操」の、狙いと効果。

この動作を繰り返すことで、「スウィングへの体慣らし」と、「4時（または3時半）を通過する自然なスウィング軌道を頭と体に植えつける」ことになります。上体の捻りの柔軟性がつくられ、その維持もできるようになります。

更に「左肩がボール（目印）の右にくるまでゆっくりと捻り、それに連れてうんぬん」とありますようにこの体操では「上体をゆっくり捻って肩をよく回す」ことを主体にして手は自然に肩の動きに連れて、上体の力をうんと抜いて上がったり下りたりするようにすることです。

100や90がなかなか切れないという人や、「飛ばない」という人のスウィングは、肩をよく回さず、浅い捻りでの、「手打ちになっている」ケースが多いようです。

この第一体操により、両足の軸はしっかりさせ、上体の力はうんと抜き、頭の位置を動かさないで「上体をよく捻って肩を回し、それに連れて手が動いていく」、という動作を覚えましょう。その「習慣づけをする」ことで、スウィング時に、下半身の土台はしっかりさせながら上体は柔らかく使え、ごく自然に肩が回って顎の下にくる、というようになれるはずです。このやり方によりボールの「3時」を打っていたことによる諸々の変なクセが直せ、「当てにいく」打ち方から、「振って飛ばせる」ようになっていきます。そして、「飛ばせるドローヒッター」への変身も容易となっていきます。

この第一体操は、「軽い運動」ということで、ぶんぶん振り回さず、上体の力を抜いて肩がボール（目印）の右にくるまで十分に回すことと、「上体の捻りを第一」とした、ゆったりとした動きの繰り返しの滑らかな運動で、「ボールの4時（または3時半）を打つスウィングを、頭と体に覚え込ませる」ようにしましょう。この時、

「上体（肩）に力が入っておれば、肩がよく回らず、

うんと力を抜いて回せば、左肩は自然に、楽に、ボール（目印）の右まで回る」

ということにも気づかれるでしょう。この体操を続けることで「上体を柔らかく使う」という「上体の脱力」を覚え、またそれが身につくようにもなります。

そのことで、柔らかい体の動きでの「滑らかないいスウィングができるようになる」はずです。「いいフォームで打つゴルファー」へも向かうこともできます。

体が硬くあるいは運動神経が鈍く、「そう上手くは肩が回せない」と思っている人もおられるでしょう。そういう人は、実際は、

「上体に力を入れ、体を硬くぎこちなく使っている」

というケースが多いのです。それを「上体の力をうんと抜いて」この体操を続けることで直されたらよいでしょう。その習慣づけで、実際に直せるのです。

また実際のスウィングでは、⑩の後半には目は飛球方向へ向いていきますが、大振りをしないこの体操では、目は、意識的に床や地面にあるボール（目印）の位置に留めたままでその動作を繰り返すようにしてみて下さい。前章でご紹介しました「ゴルフメモ」には、これを「インパクトを見届けるスウィング」と表現しています。

頭を動かさず、体をぶれさせず、ゆったりとした滑らかで素直なスウィングを習慣づけさせ、それを体に覚えさせる。そして「ヘッドアップのクセを矯正」し「インパクト時に左足

（左足5本指と左内股の2点絞り）でしっかり踏ん張りながらきちっとボールを見たままでスウィングする」ようにすることを、「意識的にあるいは強制的に」狙っているのです。

フォームが安定せずショットも不安定なゴルファーは、このような自然なフォームでは打てていないはずです。これも、ボールの真後ろ、「3時」を打って真っすぐ飛ばしたい、という気持ちと、「それが難しい」という長年の苦戦の記憶から、インパクトで操作をしてしまうという変なクセがつき、自然でない、いろいろとクセが出るフォームとなっていたのです。またボールの行方が心配ですぐ目を飛球方向に向けたり、あるいは打つ前から飛球方向に顔が向いたりする人も多いようです。これに「力み」や「合わせ」なども加わるため、フォーム自体がおかしくぎこちなく、変則になっているケースが多いのです。「自分に合っていないゴルフ」を続けてきた、その後遺症でもあります。

こういうクセを直すことも、ゴルフを早く上達させるためには必要なことです。

このゴルフ体操で、「ボール（目印）の4時（または3時半）を見たままそこを通過するスウィング軌道で、頭の位置を動かさずに肩を回す」、という動作を繰り返し行いましょう。そのことで横や上を向いて打つ、というクセも直せるようになるでしょう。

また「ボールは止まっているが、体のほうが（変に）動いてしまうんだ」、という人も多いでしょう。そういう傾向のある人は、私も意識的にそうしていた一時期がありましたが、場合によっては「左足軸に重心を置いての、左足軸を固定させての第一体操」を続けられたらよいでしょう。アイアンでトップやダフリのミスが多い人は、ぜひこれを試してみられるよう、おすすめします。その打ち方は、当たらない原因の「体のブレ、無駄な動き」も防いでくれるのです。

また、スウィング時に、トップの時の手の位置やフィニッシュの時の手の位置がどこにくるか、よく分からないままにスウィングをしている人も多いと思われます。

この体操で、

「トップの時は、左肩がボール（目印）の右にくるまで回り、手（グリップ）は、右肩の上にくる。

フィニッシュの時は右肩が顎の下まで回り、左足で重心の移動をしっかり受け止めた状態で、手は、左肩の上から左耳や首の後ろの所に自然にきて、自然の流れで、シャフトが体に巻きつく感じになる」

ということを意識し、実行し、繰り返すようにされたらよいでしょう。

トップとフィニッシュの時の肩や手の納まる位置が分かっておれば、つまりスタートとゴールの時の手（グリップ）の位置が分かっておれば、スタート（トップ）からゴール（フィニッシュ）へ向かって、上体の捻りでの円運動として手（グリップ）を回して（スウィングして）いけばいいだけです。それだけでスウィングが単純になり、軌道が安定し、いいフォームとなり、ショットも安定するのです。肩や手の「納まり所」を「知っている、いない」でスウィングにも、大きな差が出ます。

実際のスウィングで、アドレスした時に、「バックスウィングで上体をゆっくり捻りながら左肩をボール（目印）の右にくるまで回していき、手を、右肩の上まで持っていく」、ということを意識する。そのトップの状態の時に、「ダウンスウィングで、上体を捻り戻しながら肩を回し、手を目標方向に真っすぐ振りながらフィニッシュに向かって左肩から左耳や首の後ろの所に回していく」ということを意識するようにしましょう。

こういう「次の動作を意識」しながら、この体操をすれば、自然に素直なスウィング、滑らかなスウィング、となっていくはずです。加えて、ボールのあった所に目を残したままでインパクトを通過させる習慣をつければ、頭の動きが最小限に抑えられるようになります。ヘッドアップも防げます。更に体のブレ、無駄な動き（スエー）も防げます。従ってスウィング軌道がより安定します。これで、多少叩いても自然の流れでシャフトが体に巻きつくような滑らかないいフォーム、いいフィニッシュとなってきます。

こういう、「自然ないいフォームでスウィングし、いい姿でショットするゴルファー」を、意識して目指されたらよいでしょう。「4時を通過させるスウィング」を習慣づければそれが簡単にできるようになります。そうなれば、上達への手応えとともに、「ドローで飛ばせるようになる」など、ゴルフに新しい楽しみも出てくるものです。

2、「第一体操」は、スウィングの基礎の基礎。

この第一体操は、スウィングの基礎の基礎と理解し、この体操を繰り返し行うことで、「いいスウィングフォーム」のイメージをつくる。また、素振りや次の「打ち放しでの練習時」は、これまでの打ち方ではなく、この第一体操のイメージでのスウィングをするように意識しながら、つまり、

「下半身の土台はしっかりさせながら、うんと上体の力を抜く。ボールの『4時』または『3時半』を見てゆっくり上体を捻って肩を回す。スタート（トップ）からゴール（フィニッシュ）に向けて、目標に素直に真っすぐ、円運動としてゆったり滑らかにス

ウィングする。左足の『2点絞り』で重心の移動をしっかり受け止め、フィニッシュもきっちり決める」

ように、この「基礎的打ち方」を意識して、練習してみられたらよいでしょう。

変なクセがついてしまい、いい打ち方がよく分からなくなっているという人は、この「第一体操でのスウィング」がそれであると、ここで理解されたらよいでしょう。

3、「体の硬い人」や、「運動神経が鈍い」と思っている人へ。

読者の中には、体の硬い人や硬いと思っている人や、あるいは「運動神経が鈍い」と思っている人もおられるでしょう。そういう人には、「肩を回す（上体を捻る）ことは難しい。そうはなかなかうまく回せないんだ」と思われる人も多いでしょう。

体が硬い、あるいはそう思っているような人は、その大方が、何か運動をしようとすると、まず肩や上体に力を入れて体を硬くして「構えて」しまい、そこから動きに入る、というクセがあるようです。それが、この「ゴルフ体操」で楽に直せます。折に触れて、思いつく度に、上体の力をうんと抜いて、この「しぐさ」をやるようにしましょう。

「運動神経が鈍い」と思っている人にも、実際には、上体に力を入れ、体を硬くし、それから動きに入る、というクセがあるようです。そのために、運動神経が鈍いような、ぎこちない動きになってしまうという人が、実際には多いのではないでしょうか。

「肩や上体に力が入る」ことで、ほとんどすべての動きがぎこちなくなり、硬い動きとなって、肩を回すような簡単な動きすら、うまくいかないようになるのです。

左足軸はしっかりさせながら、「肩や上体の力を、ぐにゃぐにゃする位にうんと抜いて、それから上体を柔らかく捻る」ということを繰り返しましょう。さらに、「頭の中身の力も抜くような意識」でそのようにし、習慣づけるようにしていきましょう。

一連の動作の中で力を入れる所と抜く所を意識して分けるようにもしてみましょう。それで、全体に力が入るということが防げます。そうすればやがてそういう人たちも別人のような、「柔らかい、自然な捻りができるようになれる」はずです。

また、年を取った人で実際に体が硬くなってしまったという人も、「うんと上体の力を抜く」ようにしてこのゴルフ体操を続けましょう。頭をできるだけ動かさないようにして、ゆっくり上体を捻り、肩を顎の下までゆっくり滑らかに回していくのです。

これらを意識しながらこの運動を繰り返し行う。それを、これからずっと続けていく。毎日のように、思いついた時に、楽しみながら、それをこれからずっと何年も。

こうして体をそのように慣らしていけば、やがて、体ももっと柔らかく使えるようになります。また、肩もスムーズに回るようになります。手打ちが直り、ヘッドスピードも増して、やがて、「復活の喜び」も感じるような、もっとおもしろい、「ドローで飛ばす、熱いゴルフ」が楽しめるようになるでしょう。この手打ちの原因も「3時」に当てにいこうとしていたための弊害なのです。「3時」に「当てにいく、合わせる」として、スウィング軌道を歪めた、加減した打ち方となっていたからです。それが直せます。

4、「年取って飛ばなくなった」と思っている人も、「復活」できる！

年取って飛ばなくなった、ということの理由の最大のものは、一般には、「体が硬くなり、力も無くなったから」、と思われているようです。確かにその通りでしょうが、これも実は、「3時に当てる打ち方」、つまりは「プロの教えの100年の盲点」からきた「被害の表れ」と言えるのです。

上体の捻りと左足の受け止めによる回転運動のはずが、「3時に何とか当てよう」とするために、加えて体が硬くなり力も衰えてきているために、浅いバックスウィングによる、自然なスウィング軌道を歪めた直線運動的な「押すようなスウィング」になる。しかも自然な軌道でのスウィングでないため体を硬くぎこちなく使うことになり、力を入れている割にはヘッドスピードが遅く、当たる力も弱くなり、ボールが弾けず、その結果として当然のごとく飛球の勢いも力なく、飛ばなくなってしまっているのです。

さらに、年を取った人や女性など自分を非力と思っているような人のスウィングの傾向として、スウィングに自分の体重や勢いを加えることで力の不足をカバーしようと思われてか、体をあおってスウィングしたり、インパクトと同時に自分の上体を飛球方向に持っていったり、という動きもよく見られます。

「少しでも前に、遠くに飛ばしたい」という気持の表れで、気持ちとしてはよく分かることでありますが、これも勘違いの一つです。実際は、そうすることが、その気持ちとは逆の方向にヘッドの力が作用し、その動きは、「わざわざボールを飛ばさないようにしている動き」、なのです。

体をあおったり、上体を飛球方向に持っていったり、という動きは、「頭の位置や、体の軸を動かす動作そのもの」です。ボールによく当たらないようにし、また体の回転運動によって「叩く」のではなく、直線運動的な動きによってヘッドを「押す」動作となってしまい、「ヘッドスピードをわざわざ遅くさせる動作」と、なってしまいます。これでは反発力を弱め、力を加えるつもりが、逆に飛ばす力を弱めている結果となるのです。飛ばない人の「悪いクセ」の一つで、これも「3時」を打とうとして「合わせる」「当てにいく」打ち方をしていた、「3時を打つことの弊害の典型」、「被害の表れ」、そして、「3時を打っていた多くのゴルファーの、行く末の姿」、といえるのです。

これに気づかず、それをいつまでも直さないでそういう打ち方を続けている人が多いようです。これも、「なぜうまく飛ばせないのか」、「なぜ飛ばないようになったか」となる大きな原因なのです。

しかし大丈夫です。そうなっていた人も、この本の易しいやり方で「復活」できます。70代、80代となっても、200ヤード位は飛ばせるゴルフが楽しめる方向へと向かえます。

5、スライサーからドローヒッターへ！

「スライスで悩んでいる」という人には、「飛ばない」という人と幾つかの共通した欠点があり、両方で悩んでいるという人たちも多いようです。「教えの盲点による被害者たち」ともいえるもので、アマチュアの大多数が陥ってしまっているようです。

「3時に何とか当てよう」と、手打ちとなる小さなバックスウィングでクラブヘッドをボールに合わせようとしたり押したりするようなスウィングをし、そのためにヘッドが開いた状態でボールに当たったり、こすったりする当たり方となっているのです。

永年のクセやその悩みはなかなか取れないものですが、幸いにもこの本を手にされた読者は、それも楽に直せるようになります。

「4時打法」をイメージしながらこの第一体操を行い、そしてこのあとの第三体操のシャドウスウィングでそのスウィングを繰り返し、「頭」と「体」に植えつけましょう。そして次の打ち放しでの練習の時に、上体を柔らかくよく捻り、「4時打法」でビュッと振るスウィングを繰り返しながら、「3時に当てにいく打ち方」から卒業しましょう。

これでスライスは楽に直り、ドローボールへと変わってきます。「スライサーから、いいフォームで飛ばせるドローヒッターへ」。読者には、この楽しみな道も開けます。

〔二〕第二体操　ぎりぎり捻りの、両手の振り上げ体操。

① 床や地面にボールがあると想定して、その「4時」に狙いをつける。

② スタンスを肩幅程度にとり、上体（肩）の力をうんと抜く。

③　尻を後ろに少し突き出し、上体をやや前傾させ、右足に重心をかけ、左足5本指に力を入れてしっかり地面に着ける。

④　両腕を揃えて伸ばし、手の間隔を少し開け、ボールを打つ前の、アドレスの状態にする。

⑤　ボール（目印）の「4時」を見たまま、頭を動かさず、

⑥　右足に重心をかけたまま、右足首を支点、右内股を軸にして、

⑦　左肩がボールの右までくるよう、ゆっくり捻り、両手を、右後頭部上の限界ぎりぎりまで高く伸ばす。（バックスウィング）

⑧　そのままその状態で、数秒間静止する。（この状態で、しばらく我慢する）

⑨　ボール（目印）の「4時」を見たまま、両手をゆっくりと振り下ろし始め、（ダウンスウィング）

⑩　左足を重心に、左足5本指と左内股（股関節）でしっかり受け止め（2点絞り）、

⑪　上体を捻り戻し、「4時の辺り」を通過させながら右肩を顎の下まで回し、両手を左後頭部上の限界ぎりぎりまで振って、腹を突き出す。

◉第二体操

上体を捻りながら、限界ぎりぎりまで手を高く振り上げ、そこで数秒間我慢して静止する。フォロースウィングではぎりぎりに大きく腕を振って腹を突き出す。これを繰り返す。

腹筋や脇腹が引っ張られる感じがしますが、これを習慣づけすることで、上体の可動域も拡がります。飛ばすための大きなスウィングもできるようになるのです。

上のイラストは、第二体操の第２ステップです。

（フォロースウィング。数秒我慢）

⑫　できるだけ頭を動かさず、目がボールの「4時」を見たままの状態を保ちながら、⑥から⑪までの動きを、ゆっくり繰り返す。

これはボール（目印）の位置に目を残した状態での、「限界一杯までの体の捻り」と、「両手をやはり限界一杯まで高く」回し伸ばしながら、トップやフィニッシュの状態でしばらく我慢する、という運動です。

1、「第二体操」の狙いは、「可動域の拡げ」。

この体操では、腹筋や脇腹の筋肉が強く引っ張られるのが感じられます。

またバックスウィングでできるだけグリップの位置を高く上げる。そして大きなフォロースウィングで、できるだけグリップを高く持っていく。

これは、高いトップから高いフィニッシュ（ハイトップ、ハイフィニッシュ）へ、という大きなスウィングを身につけるようにする狙いと、この体操の繰り返しで、「そのスウィングに耐えられる筋力をつけたり、体を慣らしたり、柔軟性を伸ばしそれを維持する狙い」を併せ持つ運動です。

この体操は、さらに急がず、ゆっくり行う。そして⑦と⑪のところでは、さらに二、三度手を上にゆすり上げるという動作を加えることもやって、限界の幅を広げてみるようにしてみましょう。

次に、この第二体操の第2ステップとして、⑦のところで、今度は、腕や肩の動きに連れて首も回し、右斜め後ろまで顔を回して、もっと上体の捻りを大きくし、手の回りを高く遠くまで持っていく。そして⑪のところで同じように腕や肩の動きに連れて首も回し、左斜め後ろまで顔を回して、もっと上体の捻りを大きく、手の回りを、高く遠くまで持っていく。これにより、第二体操での捻りをもっと大きくして、より強く「捻りの筋力」を鍛え、スウィングを大きくできるようにすることを狙う。いわゆる「可動域の拡げ」、です。飛ばせるようになるには、これも大きな要因となります。

そのことで、実際のスウィングの時に「多少叩いても、体の余裕がつくれる」ようになっていきます。ビュッと思い切り振れる、「いうことを聞く体のコンディション」がつくれるようになります。

2、「2点絞り」の、理論と効果。

また、第二体操では第一体操以上に下半身の強い受け止めが必要です。バックスウィングでの右足での受け止めと、⑧とした、そこでのしばらくの我慢。そしてフォロースウィングでの左足での受け止め、です。

飛距離を延ばしたり安定させたりすることに不可欠の、下半身でのしっかりした受け止めや、ゆっくりしたタイミングを覚える。スウィング時に無意識にそうできるように習慣づけることと、実際のスウィングに耐えられる筋力づくりにも、役立ちます。

なお、下半身で重心の移動を受け止める時、具体的に下半身のどこで受け止めるか、という問題があります。太腿や、膝や足首や親指で、という考え方や方法がありますが、私は「左足の5本指と左内股（股関節）の2ヶ所」を意識しています。

つまりバックスウィングから左足5本指を地面にしっかり着け、インパクトを意識しながら右足1本に重心を乗せて（絞って）肩を回す。ダウンからフォロースウィングでは、左足の5本指と左内股で重心の移動をしっかりと受け止め、肩を回しながら頭を残してスウィングをし、その2ヶ所で重心の移動をしっかり受け止めるようにします。左足の5本指と左内股での「2点絞り（2点止め）」をすることで、右や左への重心の移動、ふらつきを確実に受け止めることができるのです。スウィング時に上半身と下半身が腰を中心に左右逆の動きとなるため「絞り」としたものです。インパクト時に、左膝をしっかり伸ばすようにすれば、重心の受け止めは、よりしっかりできるようになります。

これは、左足での「3点絞り」、と意識してもいいでしょう。

〔三〕第三体操　シャドウスウィング

第三体操は、「ゴルフ体操の仕上げ」です。

第一体操の柔らかなイメージを持ちつつ、「4時を打つスウィング」を、クラブを持たず、持った状態をイメージしながら行ってみるものです。第一体操で両手の間隔を数センチ離して行ったことを、グリップを握った状態にして、第一体操と同じ動き同じスウィングから始め、そして各クラブを想定して、前章でご紹介しました「ゴルフメモ」の、「シナリオ通りのスウィングで行う」のです。

思いついた時にこのシャドウスウィングを軽くやってみるだけでも効果があります。

◉シャドウスウィング

それぞれのクラブを想定して、ナイスショットをイメージし、「いいスウィングフォーム」を身につけるようにシャドウスウィングをする。習慣づけすることで、「いいスウィングフォーム」も身につきます。上達には極めて有効です。

また、ご自分用の「マイ・ゴルフメモ」の更新の折に、パソコンの前に立って、その部分を「シャドウスウィングしながら確認してみる」ことも有効です。

1、ドローボールの「美球」をイメージする。

この運動ではクラブで実際にボールを打つ時と違って、ドローボールの「美球」を飛ばすナイスショットをイメージし、「いいスウィングフォーム」で行なうことです。

これは、イメージトレーニングにもなります。気持の中に、ある程度の自信と余裕の気持ちが湧いてくるはずです。そして、ボール（目印）に対するそれぞれのスタンスを変えたりしながら、ショートアイアンからドライバーまで「ゴルフメモ」の「シナリオ通り」に、シャドウスウィングを行ってみましょう。

シャドウスウィングの時に気をつけねばならないことは、つい、これまでの「慣れたスウィング」をやってしまわないように、ということです。長年染みついたクセはなかなか直らないものです。あくまでも「シナリオ通りのスウィングで行う」ようにすれば、それが「頭」と「体」に植えつけられるようになり、より効果的となります。

2、「シャドウスウィング」がやりにくい人は。

ところで、このシャドウスウィングをする時に「何となくやりにくい、肩が回しにくい」、と感ずる人が多いと思われます。

これは手にクラブの重みがないためにそういう感じが出てくるものですが、シャドウスウィングをする時に、「肩がよく回せ、バックスウィングの時に、手（グリップ）が右肩の上にちゃんと上がり、インパクトしたあと、同じく手が、左肩の上から左耳の所や首の後ろにきちんと収まる、というフィニッシュがとれる」人が、はたしてどれ位、おられるでしょうか。

もし読者が、この時に肩がうまく回せず、また手（グリップ）がうまく肩の上や耳の所まで持ってこられないようであれば、これは、読者のこれまでのスウィングが「手打ちでの、腕力に頼ったスイングであった」という、立派な証明になるのです。

第一体操のところで、「肩をよく回すということを主体」とし、手は、「それに連れてうんぬん」ということを述べています。このシャドウスウィングでも、肩の力をうんと抜き上体をよく捻りながら肩を回す。それに連れて、手（グリップ）を肩の上や耳の所まで持っていくようにすれば、手（グリップ）は、ちゃんとそのように納まるようになります。

これが、よく肩の回るスウィングができるようになるための、コツです。自然にそうできるようになるまでこれを繰り返し、その動きが身についてくれば、読者のスウィングは「上体が自然によく捻れてよく肩も回る、動きも滑らかなスウィング」となります。やがて「飛距離も延びる、方向も安定したドローヒッターのスウィング」となってくるはずです。「いい姿でのゴルフが見せられる」ようにもなります。

また、このシャドウスウィングをする時に、上体をよく捻り肩をよく回して、手（グリップ）を右肩の上までちゃんと上げる。そして上体の捻り戻しでのダウンスウィングから、インパクトして手が左肩の上から左耳や首の後ろまで回っていくようなスウィングをする。そうすれば、ヘッドスピードが、かなり速くなっているという感触も実感できるはずです。クラブを握ってのそのスウィングでも、実際にヘッドスピードは、これまでの手打ちでの力を入れたスウィングよりも速くなっているのです。

ボールの「4時」を狙っての、そのスウィング軌道での、「素振り感覚」でビュッと思い切り振る運動を、折に触れて繰り返すようにしましょう。

三 「ゴルフ体操」が、「悠々のゴルフ人生」にもつながる。

この「ゴルフ体操」は素振りや打ち放しと違って、いつでもどこでも、思いついた時に手軽にできる、という簡単なところにも大きなメリットがあります。さほどの練習やラウンドをしないというゴルファーには、練習不足をカバーする、極めて有効なものとなるのです。

折にふれてこれらの動作を繰り返していくことで、「4時打法」が身につき、上体がよく捻れ、柔らかく滑らかな、いい姿でのスウィングフォームが「自然に身につく」ようになります。その上で、「その形で素振りや打ち放しでボールを打つ」ようにすれば、より効果的となります。それで、ラウンドも、落ち着いた、グンと「いい形」になっていくのです。やがて、80台、70台のスコアも、「普通」という感覚となってくるでしょう。

そしてこの「ゴルフ体操」は、「いいフォームづくり」に加え、「いうことを聞く体」への、確かな解決にもなります。上達をあきらめかかっていたような人や、老化からゴルフ人生をすぼませつつあった人にも、「復活」への、新たな光も感じられるようになるでしょう。

上体の捻りが、ゆっくりと、十分な余裕を持ってできるような、上体の柔らかさや、いいコンディションがつくれます。第1章でご紹介しました「飛ばせるドローヒッターへの変身」にも、この「ゴルフ体操」を続けていくことで、より前進できるものとなります。

それをずっと維持していくことができれば、上達も楽に進み、70代、80代となってもなお、200ヤード以上の「美球」が楽に飛ばせる「いうことを聞く体でのゴルフ」が悠々と楽しめ、ゴルフをもっともっとおもしろく、そして「熱く」してくれるでしょう。

そういうゴルフが楽しめる「悠々のゴルフ人生」は、70代、80代となっても「体」の柔軟性や可動域の広さが維持されていることからも、そういう余裕の気分が出てくるはずです。

それはこの「ゴルフ体操」で楽につくれ、維持されていきます。

四 「ゴルフモード」にスイッチが入る。

「ゴルフ体操」をすることの目的や効果の④として、「ゴルフモードにスイッチが入る」ということを、この章の冒頭でご紹介しています。

プロやそれに近いゴルファーのように、年中ボールを打ったり、年中ゴルフのことを考えている人は別として、アマチュアの大多数が、「仕事や、ゴルフ以外のやること」があって、普段はゴルフのことを忘れていたり、ゴルフにからむような動きから離れているものです。いわば、**「ゴルフモードのスイッチを切った状態」**にあるわけです。

その上で運動不足の状態でラウンドに臨み、「3時を打つ」、というのが大方のアマチュアの実態であったでしょう。上手く打つのが難しい上にゴルフ勘も薄れている状況でしょうから、なかなか思うようなゴルフができないというのは、「当たり前」でもあったのです。

いつでもどこでもできるこの「ゴルフ体操」を、思い出す度に、その「しぐさ」を、ちょっとやっておくだけでもゴルフ勘や体の動きが保てるのです。これを、「ゴルフモードにスイッチが入る」と表現しました。この習慣や継続も、上達には効果的なのです。

五 「悠々のゴルフ人生」への、確かな手応えにも。

この「ゴルフ体操」は多くのゴルファーにとって、これからの「ゴルフの上達への特効薬」と、「いいゴルフ」をずっと永く謳歌できる「体の柔軟性の維持増強への特効薬」と、きっとなります。

私は、第5章でご紹介します「速歩」と、この「ゴルフ体操」を19年余り続けています。その効果により、50代に入りたての頃より下半身がしっかりした感じになってきています。もともと硬い体の持ち主ですが、上体の捻りや肩の回しも自然に無理なく柔らかくできるようにもなっています。そのことで、滅多に練習にも行かず、また、月1、2回程度のゴルフしかしないという状態であっても、「よく練習ができ、そしてよくラウンドもやれている人」のような、体の動きもスムーズな、気持ちも体もずいぶんと楽な、そして「月イチでも70台」という、「余裕でのゴルフ」が楽しめるように、上達が進んでいったのです。

この「ゴルフ体操」は「一連の健康運動」として私は生涯続けていきます。その「楽しい道筋」が見えたこともあり、「悠々のゴルフ人生」を60代終盤から感じるようになっており、その確かな手応えを、「健康体」としてつかむことでつながっていったのです。

世間で言われている「健康づくり」という言葉に対し、それを一歩進めて、ゴルファーである読者には、「健康体づくり」とします。この言葉と意味を次の第4章でご紹介します。

六　ボールを打つだけが練習ではない。

この「ゴルフ体操」は、「体操と呼んでいいのか」とも思える、簡単な「しぐさ」です。始めて1週間や10日位では、その効果はあまり感じられないかも知れません。

しかし2ヶ月、3ヶ月と続けていくうちに、この章の冒頭に挙げた4つの効果への手応えも感じるようになります。そしてそれを半年1年と続けていかれれば、これまでフォームの定まらない、いわゆる「素人的ゴルファーのレベル」であったとしても、また、年を取って体がうまく反応しなくなったという人であっても、柔らかく滑らかでよく肩の回るきれいなスウィングが、「自然にできるゴルファー」へと変身するのです。

この「ゴルフ体操」により、「4時打法」もグンと活かされるものとなります。それで、もっともっとおもしろい、「熱いゴルフ」が楽しめるように、きっとなれます。

ボールを打つだけが練習ではありません。「下手を固める」という言葉もありますように、下手な練習よりかえって効果が得られるこの「ゴルフ体操」は、練習が不足ぎみの、練習する時間が取りにくいゴルファーには、「究極の方策」ともなるでしょう。

七　70歳を過ぎても滑らかなスウィングで飛ばせるゴルフが楽しめる。

中高年ともなりますと、普通は、歳を重ねるにつれて体力が衰えたり、体が硬くなったり可動域が狭くなったりして、その動きもぎこちなくなったりします。そして世にいわれるような諸々の動きや姿となって出てきます。

これがゴルフにも表れてきて、「3時に当てよう」と、小さなスウィングでの手打ちでの、そしてぎこちない感じでの、いわゆる「年寄りくさいゴルフ」となっていくわけです。

この言葉は、我々中高年ゴルファーにとっては、お互いに「そう言われたくない」、「そう見られたくない」、言葉でもあります。

しかし、現実には、大方のゴルファーがだんだんそうなってしまうものです。「まだ若い」と思っていても、決して油断はできません。油断したり、気づかなかったりして、手遅れになり、いつの間にか「年寄りくさく」なってしまうものです。

しかしこの「ゴルフ体操」を繰り返し、それを何年も続けていけば、年寄りくさくなってしまう原因である「体の柔軟性や可動域の衰え」が防げ、あるいは拡げられます。

また、「4時の辺り」を打つようになることで、「素振りの感覚」での、インパクトで特別な操作や加減をしない、ビュッと振れる「自然で滑らかなスウィング」もできるようになります。「当てにいく打ち方」から、「振って飛ばせる打ち方」へと変われます。

「いいフォームづくり」に加え、こういう動きがつくれ、それが保たれていけます。そのことで、いやな言葉である「年寄りくささ」からの脱却もできるのです。

「年取って飛ばせなくなった」と思っている人も、素振りする時は、ビュンビュン振れるはずで、その時のヘッドスピードは結構速いはずです。その素振りの時のようなスウィングで打てばいいという簡単なことなのです。第1章でその易しい方法もご紹介しました。その「4時打法」でのスウィングを覚え、ビュッと振る自然なスウィングで飛ばせるようになることで、もう「年寄りくさい」という言葉は読者にも「他人ごと」みたいにも聞こえるようになるでしょう。「お若いですねえ」、と言われるようにもなれるでしょう。悠々とした姿でのゴルフが、ずっと永く楽しめるようになれるでしょう。楽に飛ばせるようになって、還暦を過ぎている読者にも、「枯れ行く姿」からの復活や、あるいは、「自分は、そうはならない」という手応えも出てきて、「よし！」と、新たなエネルギーも湧くことでしょう。

「年寄りくさい」というのは、容貌からではなく、そのしぐさやスウィングから周りの人にそう見られるものです。これも「人それぞれ」でしょうが、容貌などはそう気にする必要などないことです。問題は、しぐさやスウィングが「ぎこちなく」なり、年寄りくさく見られるということで、つまりはこの本でいう、「健康体でなくなってきた」ということです。

このゴルフ体操を、努めて上体の力を抜くようにして、折に触れて続けることで滑らかな上体の動きがつくれ、それが保たれ、「年寄りくささからの脱却」もできますが、それは何より「下手になったことからの脱却」、つまりは、「上達したゴルフが、年を取っても下手にならない」という、「健康体を、ずっと永く保つ」効果につながるということになるのです。

「我がゴルフ人生の全盛時代は、70代！ そして80代、90代も、その延長上」

せっかくのゴルフ人生ならば、こんな姿を、楽しみながら目指し、それを叶えましょう。

それは、次章でご紹介します「健康体づくり」、つまり「いうことを聞く体づくり」をし、それをずっと続けていきさえすれば「普通に」叶うようになる「易しいこと」だったのです。

私のように、70歳を過ぎても滑らかなスウィングで飛ばせるゴルフが楽しめるようになり、ゴルフ人生もグンと愉快なものへと、「普通の感じ」で、読者も、そうなっていくはずです。

第4章

「健康体づくり」が、「身近な上達への道」となる。

健康体づくりをすればゴルフがもっと楽しめるようになります。「ゴルフは、技1・頭4・体5のスポーツである」と、理解しましょう。

一 「技」だけに気を向けていては、なかなか上達できない。

この本でいう「健康体」とは、「病気ではない健康な体」ということだけではなく、その上に立った、それを一歩進めた、「いうことを聞く状態にした健康な体」ということです。

「ゴルフは技2・頭8」という、昔からいわれてきて、誰もが知っている言葉があります。この2つを取り出してその比率を考えて見れば、「こんなものだろう」と大方のゴルファーが認めていることでしょう。これは、ゴルフの技術書などを書いたプロゴルファーの誰かが言い始めた言葉だと思われます。

しかし常識のようになっているこの言葉も、実は多くのゴルファーの上達を阻み、迷走を続けさせる原因をつくった「教えの盲点だ」といえることなのです。この言葉が、上達への、そして「悠々のゴルフ人生」を過ごすための最も重要な要因である「体」の部分を忘れさせ、上達への道を「技」のみで追いかけさせるという、そういう方向へと大多数のゴルファーを向かわせてしまった、といえるからです。

プロは、「コンディションづくり」ということは日常の必須のこととして出来上がっています。それができていない者ははなからプロとはなれないし、なった後にそれができなければプロとしては通用しませんから、「ごく当たり前のこと」としてやっていることなのです。

余りにも「当たり前のこと」ですから、プロは、読者もできていると思い込んでいるのか、あるいはその前提で、本を書く時には省略するか、忘れてしまっていたようです。そういう形となって出てきたのが、これまでのほとんどのゴルフの技術書でしょう。そしてその読者は、その本に書いてある「技」の面だけを上達法として、性急にそれに気が向かってしまい、体の動きへと結びつかないまま、「読んでも役に立たない」となってしまっていたのです。

あるいは読者も、「健康体づくり」などより技術面の記述にばかり目が向かっておられたかも知れません。もしそうであれば読者も「技」の部分にだけ気が向かっていたゴルファーの一人、つまりは「従来の技術書の被害者の一人」、といえるかも知れないのです。

これがゴルフが日本に上陸して以来の「上達法の100年の歴史」なのです。ゴルフに関わる出版社の編集者の大方も、その歴史の中で技術面だけを「上達法」だと思い込んでしまっている人たちのように感じられます。「上達法の勘違い」、「上達法の100年の盲点」といえることで、それから抜け出ることが「確かな上達と悠々のゴルフ人生への道」でもあるのです。

アマチュアゴルファーの大多数が、プロの本などを読んで「いい方法」を知り、その練習をしても、いざ本番という時に、「体がいうことを聞かない」、「体が思う通りに反応しない」という状況で、「本で知ったことが役立っていないゴルフ」を繰り返してきたはずです。

飛ばすことをあおるその「いい方法」をやろうとしても、体がいうことを聞かない。いうことを聞かないから聞かせようと、よけいな力が入る。よけいな力が入るからスウィングのフォームが崩れ、うまくボールに当たらず、飛ばなかったりあちこちに散ったりする。飛ばないから飛ばそうとさらに力が入り、それでまたミスショットをするというような、「本で知ったこととはかけ離れたようなゴルフ」を、してしまう……。

こういう悪循環の繰り返しとなり、またそれがクセのようになって、何年もそんなゴルフを続け、結局、上達できないままの状況が何年も続き、読んだことが役に立たなくなります。それで上達できた一部の人も、年齢が進むとともに、「老いたゴルフ」、「寂しいゴルフ」へと早くから進んでしまう、と、そういうことになってしまっている人が多いはずです。

「本を読んで、方法は分かっているのに、その通りにはいかない」となる原因の一つには、「体がその通りに反応しない」ということがあることも、多くのゴルファーが実は分かっているはずのことです。もともとできない難しい「技」だった、という原因もあるのですが。

これは、技術オンリー的に「技」ばかりを追い求めてもなかなか上達には結びつかず、また還暦後に永くは楽しめず、「悠々のゴルフ人生」は叶わない、ということなのです。「運動はゴルフだけ」というような人、つまり「技」の部分にだけ気が向いている人は、上達は思うように進まず、また、早くから「老いたゴルフ」へと進んでしまうでしょう。

「アマチュアとしてのゴルフは、本来は単純で易しいものだ」と、70歳を過ぎた私にはよく分かることです。私も実は30年近い迷走の時代を過ごし、その間プロが書いた技術書を20冊近くは読んだものです。読んだ後、大抵は「はて、ところで何だったっけ」というような、ほとんど頭に残っていないような、「あれやこれやとこれまで読んだ本と似たようなことが、てんこ盛りで書いてあったな」と、そういう記憶しか残らなかったものでした。そして「しょせんゴルフの技術書というものは、ゴルフをやたら複雑にし、実行し難くし、難しくさせるだけだ」と悟り、それから技術書を読むことはやめ、この本にご紹介している身近な上達法を考え出し、それが、私が「月イチでも70台」、「我がゴルフ人生の全盛時代は、70代！」、「悠々のゴルフ人生」へと、ゴルフがグンと楽しめる方向へと進めたのです。

この本では、技術中心の章は、「奥義」と「夢の上達マニュアル」をご紹介する第1章と第2章の、最初の2つの章に簡潔にまとめて集約しています。「我々アマチュアにとって、技術の面はそれだけで十分」、「簡潔に整理集約したことで読者にも知識が整理でき、易しく確実に実行でき、どの技術書よりも上達に役立つ本となる」と、ここに明言しておきます。

二 「健康体づくり」が、上達と「悠々のゴルフ人生」への原点。

「ゴルフは、技2・頭8ではなく、技1・頭4・体5のスポーツだ」と、「体」の部分のウエイトの大きさをまず理解しましょう。そのことで、「健康体づくり」、つまりは、「いうことを聞く体づくり」ということが理解できて、それを実行に移せるようになれば、「自分に合ったゴルフ」もできるようになり、ゴルフの上達はグンと加速するようになります。

ゴルフが「余裕ある姿で楽しめる」ようになり、また、「還暦後もずっと永く、その姿で楽しめる」ようにもなります。「体がうまく反応する」ようになり、加えて第6章でご案内します「相応のゴルフ」もできるようになれば、気持ちにも余裕も出て、「頭」で分かっていることが、その通りにスウィングに表れ、ラウンドでも実践しやすくなります。つまりゴルフがグンと「いい形」となり、上達への道もそれで加速しだし、また上達したゴルフが

「年を取っても下手にならない」で、永く、熱く、悠々と楽しめるようになれるのです。

この「体」の部分は、老若男女何歳であろうとも重要な部分で、年を取るほどにその比重は増していくものなのです。「技」ばかりに気が向かって、それを忘れている人が多いようです。「年を取るにつれてゴルフが下手になる」という、その大きな原因です。

一方、「競技ゴルファー」のレベルにある人でも、コンディションが十分でない日はなかなかいいスコアも出せないものです。「競技ゴルファー」といっても、しょせん同じアマチュアですから、それを痛感している人は多いはずです。「ゴルフはスポーツ」という本来の見方からすれば、「コンディションづくり」はどういうレベルのゴルファーであれ、実は、「これこそ当たり前」、といえることなのです。

しかし「コンディションづくり」とはいっても、楽しみが見出せず、それが気持ちの負担となるようなものであれば、なかなか長続きしないでしょう。ゴルフを、趣味の一つ、あるいは「健康のために」として楽しんでいる我々普通のアマチュアには、コンディションづくりそのものを、「おっくうだ」と感じやすいように思われます。ゴルフで生計を立てる必要のない我々アマチュアゴルファーにとって、おもしろくなければ、それがいいと分かっていても、なかなか長続きはできないものです。

「コンディションづくりそのものを趣味の一つに加え、楽しみを増やす」

幸いにも私はこのような発想が早々に持てて趣味が「1つ増え」、それが休日の楽しみの一つとなり、そして定年を過ぎた現在は、「午前中の日課」「日々の楽しみ」となり、天気のいい日はごく自然に外に出て、それを楽しむようになっています。今や「ゴルフと並ぶ趣味」という感覚で、その時間を楽しんで過ごしています。

私は、「体のコンディションづくり」、つまりは「健康体づくり」を楽しみながらゴルフを続けることを、「健康ゴルフ」と呼ぶようにしています。

繰り返しますが、この「健康ゴルフ」こそ、「身近な上達への確かな道」、そして「健康体」が永く保て、「悠々のゴルフ人生」が過ごせるようになる原点、老若男女すべてのゴルファー共通の、「新しい方向への原点」となるのです。

三 楽しみながらコンディションづくりをする。

ここで、「楽しみながらコンディションづくりをする」という、その「易しいやり方」と「楽しみぶり」についてご紹介します。「健康体づくりへの簡単な方法」です。

それは、まず「早足で、1時間程度続けて歩くことを、週に2回程度やればよい、それを続けていけばよい」という、実に簡単なことです。ウォーキング用語でいうところの「速歩」で、これの「実行と継続」でいいのです。これなら、現役世代の人もできるはずです。

ただ、**「健康運動の効果は、週に1回だけなら現状維持程度。週2回かそれ以上やることで、その効果が現れる」**といわれています。

週に2回程度でも、それを3ヶ月も続ければその効果が体感でき、半年も続ければ、臀部、太もも、ふくらはぎなどが太くなり、腹がへこむなどの体形の変化さえ出てきます。無駄な脂肪は消費され、必要な筋肉は増強され、そして維持されていきます。そしてそれを半年、1年と続けていくうちに、「健康人生」への楽しみな手応えさえ感じるようになります。

これで、「それからのゴルフ」もずいぶん「いい形」となり、また、楽にもなってきます。

私がそれを始め、続けるようになったのは、53歳となった早々の1995年の10月からです。それはある休日の午後、妻と娘を乗せてドライブをしていた時に、NHKのラジオを聞いていて耳にした、放送がきっかけという偶然のことからです。

その放送では、体を老化させ、寿命を縮める原因となっている活性酸素と体脂肪を減らす効果のあるものとして、「ダンベル体操」と「20分以上を続けて歩くこと」の効果についての特集をやっていました。

その詳細については割愛しますが、あの放送を聴いて、毎日やることは会社勤めの身としてはちょっと難しいが、休日にやるというだけでも健康とゴルフの両面へ必ずプラスになるはずと確信したものです。ゴルフに行く日や、早朝から出かける用事のない時の土日や祝日には、「トレーニングの目的も加えて歩くことを、自分もぜひやってみよう」と思い、次の土曜日から早速これを実行することにしました。

これが、私が「速歩を始めるようになったきっかけ」です。少し大げさかも知れませんが「この実行が、私の運命の分かれ道であった。続けるようになって、良かった」と、心から思っているものです。

50歳を過ぎたばかりの年代で、私は、臀部、太もも、ふくらはぎがしなびてきて、そして腹は出てきてと、我ながら何とも情けない体形となってきていました。すでに老化が体形としても目立ち始めていたのですが、この実行の効果で先述の体形へと回復できて、「復活」への、そして「悠々のゴルフ人生」への、「楽しみな道」も開けることとなったのです。

しかし多くの人たちが、「歩くだけで何がおもしろい」とか「面倒くさい」などと考えることでしょう。

「コンディションづくり」、つまりは「健康体づくり」の方法は、先に述べましたように「易しいもの」です。問題は、それが「長続きできるかどうか」でしょう。それは「それがどう楽しめるか」ということが第一の要件となります。

この部分は、ゴルフの上達とは直接関係がないと思っている読者が多いでしょう。また、先述のように、性急に「技」の面にだけ気が向かうゴルファーが多いでしょう。

その多さがそのまま、「上達がなかなか進まないゴルファーの多さ」、ということであり、そして「早くからゴルフ人生をすぼませてしまう人の多さ」、ということにもなる、つまりは「早くから健康体ではなくなっていく人の多さ」、ということになるのです。

これまで無数という感じで出版されてきた技術書は、多くのゴルファーに、上達法の「技」だけに気を向かせ、こういう現象へとつなげてしまった、という弊害も生んできたのです。「体5」という部分が、それが結局は確かな上達への、そして「年を取ってもゴルフが下手にならない」、それがゴルフを永く楽しめる「悠々のゴルフ人生」への、極めて大きな要因となるのです。

「急がば回れ」という諺がありますが、ゴルフでは、「急がば歩け」です。つまり、「早く上達したければまず早足で歩きなさい。いうことを聞く体のコンディションをつくりなさい。健康体を、まずつくりなさい」、ということです。

それを長続きさせることが大切ですが、「歩くことを趣味の楽しみとして続けている」という、その私の「楽しみぶり」を、読者が実行に移される際への参考になればよいので、次の章で具体的にご紹介します。「健康ゴルフ」への、楽しみながらの進み方です。

読者には「4時打法」と「夢の上達マニュアル」の、2つの新しい楽しみが出ているはずです。「健康体づくり」をすれば、この両方共がもっと活かされるようになります。健康体であってこそ、早い、確かな上達に加え、「悠々のゴルフ人生」も叶うようになれるのです。

第5章

「健康体づくり」は、「生涯の楽しみ」ともなる。

「健康ゴルフ」の道を進む、私の「健康体づくり」のご紹介です。「我がゴルフ人生全盛時代は70代！」といえるようになったその楽しみな道筋もご紹介します。

一 「速歩」のやり方や、楽しみぶり。

私が19年余続け、効果も十分出ている、「楽しみながらの健康体づくり」をご紹介します。

定年前の現役の頃は、土曜日の朝は、1週間の疲れが残っていたりして起き辛い時もありました。そういう場合でも遅くとも8時頃には起き出しました。軽い朝食をとり、食後30分ほどはゆっくりと過ごします。

季節（気温）に合わせたものを着ます。暑い日はTシャツに短パンなどの軽装、寒い冬には風除けのウインドブレーカーを着て、手袋やマスクなどの防寒対策をして歩きます。

夏は、コップ半分ほどの麦茶をまず飲み、200ミリリットルのペットボトルに麦茶を入れたものをティッシュとラップで包んでハンカチで巻き、それをズボンの後ろポケットに入れ、途中での水分補給に備えます。これは、冷凍庫で半分の量を凍らせていたものに麦茶を注ぎ足したもので、歩いている間中、冷たい状態でチビチビと飲めます。湿気防止からそういう包み方をしているものです。後ろポケットに入るよう、小さなボトルにしているのは、両手の自由を利かせるためです。水分の量も、運動する時間の間くらいは、私はその程度で十分です。

そしてウォーキングシューズを履き、帽子をかぶって外に出ます。

幸い、車の少ない、あるいは通れない、景色もいい田舎道や小さい山の小道や、遊歩道も近くにありました。その景色も楽しみながら、また、トレーニングという目的のために少し時間を長くして、「1時間半から2時間を、休みなしでの早足で歩く」ようにしました。

ひざの屈伸や、アキレス腱を伸ばしたり足首を回したりなどの軽い準備運動をします。

まずはゆっくりと歩き出し、10分位歩いてからギヤチェンジをします。肩の力を抜いて背筋を伸ばし、かかとから着地し、つま先で地面を蹴りという具合にして、早足でサッサッサッサッと、1時間半から2時間前後、休みなしで歩いていくのです。

「周囲の景色を歩いて見て回るのもおもしろそうだ」と感じ、休み毎の「速歩」を楽しみに待つようになりました。始めて以来19年余、ずっと続け、これからも続けていきます。

歩くコースも時々変えて、気分を変えるようにしています。

また、山や川や田や畑や、季節の花木や町並や、というふうに、四季折々の季節も感じながら、それら自然や周辺の風景の彩りや移り変わりも楽しむようにしています。

「速歩」を始める前は、家の周辺の風景を見て回るということは、まったくといっていいほどありませんでした。しかし、開発が進んできたり手が加えられていたりするのは致し方ないとしても、都心へ1時間ほどの横浜市の郊外辺りでは、まだ昔ながらの自然も、結構残っていました。それらを見たり探したりするのも楽しみとなりました。

歩く道筋の自然の風景や花木や生き物たちを、童心に帰ったように無邪気に見たりして、目を楽しませながら歩いていきますが、心身のリフレッシュにもなるせっかくの「速歩」です。季節を感じながら、心も軽く、明るい気持ちの早足で歩くようにしています。

また、19年余も歩いていますと、同じ場所の景色も、開発などで随分と変わってきます。その変化を見るのも楽しみの一つでもあります。

こういう形で「週末の楽しみ」として歩くことを楽しめるようになれば、何かとストレスの多い世情の中で、それを緩和したり癒やしたりする有効な手だての一つともなるでしょう。

現役世代にも何かと厳しい時世となり、退職後の年金の支給も、60歳だったのが、段階的にその支給年齢も引き上げられています。その対応策として定年も65歳など、さらに先まで働かざるを得なくなってきています。

日常の諸々のストレスから心身を病んだり、早く衰えさせたりしてしまうことなく、「還暦後の40年」など、「将来へのもっと長い楽しみに気を向けながら歩く」のも、これからの長い人生にはいいことでしょう。私は、ゴルフの上達に加え、心身への大きな効果が得られたものです。

それらに気がつかず、「へとへと状態」で定年にたどり着くことのないようにしたいものです。定年前後から心身の調子を崩し、不自由な、短い余生ともなれば、一度限りのこの世の人生、あるいは「楽しみなもう1回の40年」が、いかにももったいないことになります。

二 「一連の健康運動」へと発展させる。

そして、「速歩」を始めてしばらく経ったある日、絶好の場所を見つけました。家のすぐ近くに、野芝を生やした、350ヤード位の、ややドッグレッグしたゴルフコースを思わせる遊歩道があったのです。その一帯が遊歩公園となっています。そこでは犬を連れて散歩したり、子供連れの家族が遊んでいたりしていました。

立ち入り禁止のような所ではなく、自由に通ったり遊んだりできるようにしてある、おおらかな所でしたので、いい場所を見つけたとばかり、私もそこを歩いてみましたが、気分は正に、「フェアウェーを歩いている」という感じでありました。

ちょうど「速歩」の仕上げのタイミングでもありましたので、そこで、軽いストレッチをやっているうちに、ついその気になり、そこを実際のコースに見立てて、ゴルフのシャドウスウィングをやってみました。まっすぐの方向に朝の太陽があり、その方向を見てスウィングしたり、逆方向を向き自分の影を見ながらスウィングをしたり。それはゴルフをやっているような、いい気分のものでありました。

さらにその遊歩公園の先には運動公園もあり、その一隅に、ぶら下がり鉄棒などの運動設備がある場所もありました。

幸いにもこういう絶好の場所が近くにあったということで、週末の「速歩」が、さらに待ち遠しいものとなってきました。

そこを見つけてからは1時間半から2時間前後続けての「速歩」をし、その運動公園をゴールとするようにしました。

その場所で「軽い筋力運動」や「ストレッチ」をし、仕上げに「ゴルフ体操」をする、というパターンとなりました。歩いた後、運動公園でこういう運動をするというのも、気分のいいことです。これも、楽しみの一つとなってきました。

その運動公園に着きますと、ぶら下がり鉄棒をまず利用し、足や上半身の軽い筋力運動と軽いストレッチを行いますが、それは次のような手順でやっています。

①　ぶら下がり鉄棒の2本の横支柱の角の部分をつかんで、膝を胸に近づける「もも上げ運動」を、右足と左足とを交互に20回ずつの40回ほど。これで腹筋と大腰筋も鍛えます。

②　両角の部分をつかんで片足を後ろに下げ、もう片方の足を前に出してアキレス腱を伸ばす運動を、交互にゆっくり、2、3回。

③　腰に手をやり、片足立ちになって、反対側の足をつま先立ちにして、すねの筋肉の伸ばしを、交互に3回ずつ。

④　片方の足首を同じ側の手でつかんで、グッと後ろから上に持ち上げることを、交互に3回ずつ。

⑤　横棒に片足を乗せての、足の筋肉の伸ばしを、交互にゆっくり2、3回。

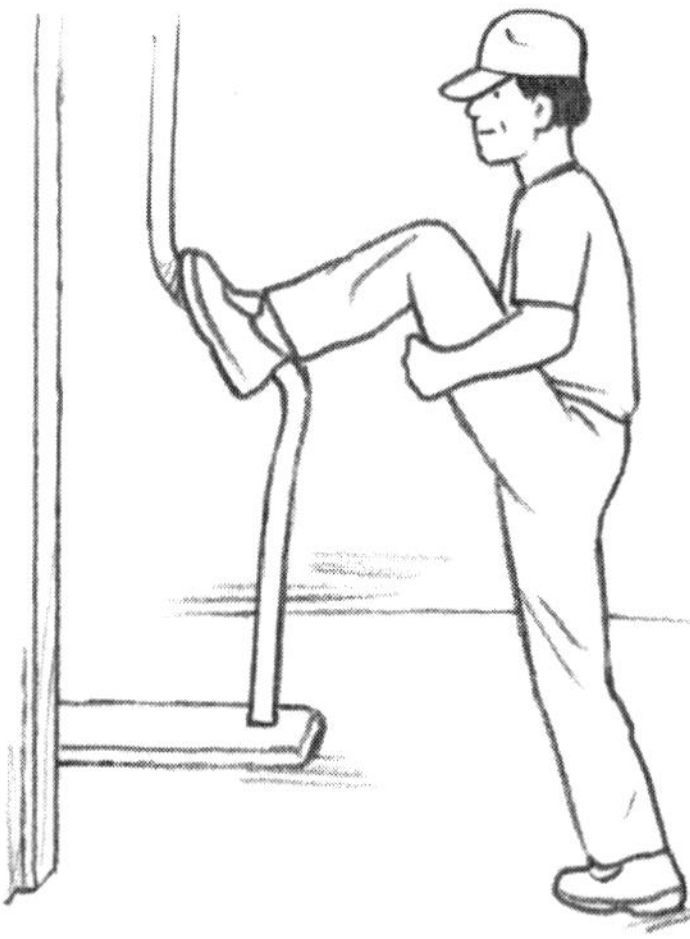
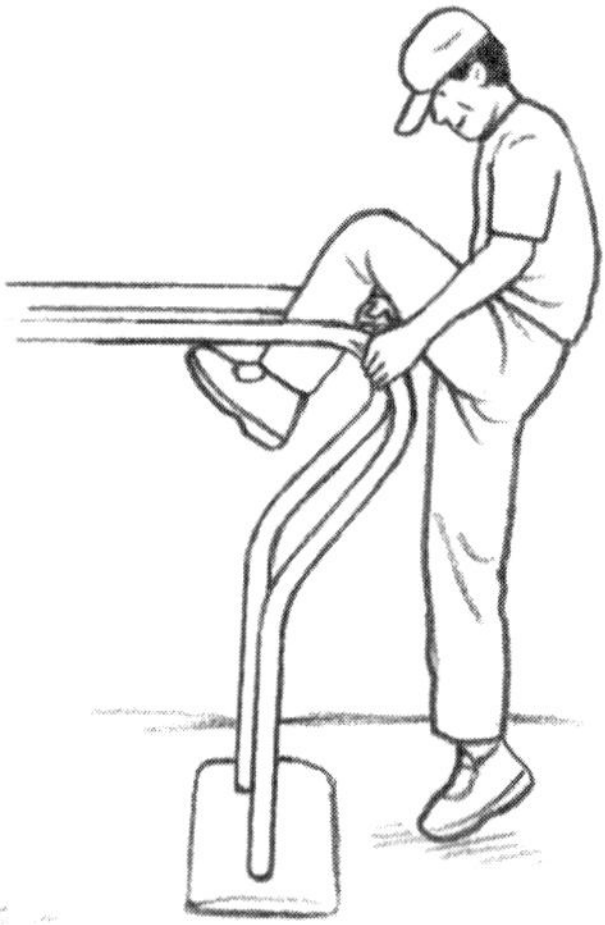

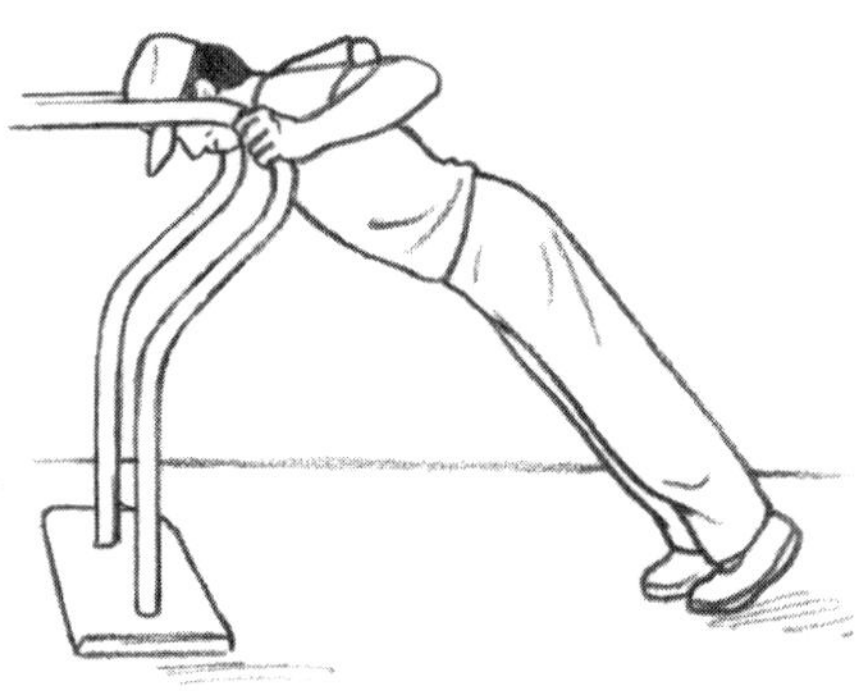

私は、この横棒に何にもつかまらずにまだヒョイと片足を軽く乗せられます。80歳を過ぎてもそれができるように続けたいものです。これからの体の老化度をチェックする目安の一つともなるでしょう。

⑥鉄棒の両角をつかんでの腕立て伏せを、ゆっくり20回ほど。
床などに手を置いての腕立て伏せより楽ですが、より深い屈伸ができます。この、より深い屈伸が上体の可動域を拡げ、ゴルフにはプラスとなります。

⑦ぶら下がり鉄棒に、1分程度ぶら下がって背骨を伸ばす。
これをこれから何十年と続けていくことで、老化による背骨や腰の曲がりを防ぎます。「ゆがみ・縮み」を防ぐ筋力も、維持されていくでしょう。

⑧運動公園の外野の草原の所に行き、膝の屈伸から始まる、上半身、下半身それぞれの、「軽いストレッチ」を行う。

⑨そして、仕上げとして、「ゴルフ体操」を、上体の柔らかな捻りや左足での受け止めを意識し、「飛ばしの奥儀」のスウィングの繰り返しや、「ゴルフメモ」の「シナリオの実践」を意識しながら10分ほど行う。

ここで目測をしながらのシャドウスウィングを楽しんだりしながら、ゆっくり家に帰ります。

こういう軽い運動を、合わせて30分ほど行います。そしてクールダウン代わりに遊歩公園の所をゆっくり歩きながら家に帰る、というようなパターンとなっています。前ページイラストのように、そこで目測をしながらの「シャドウゴルフ」も、楽しんだりしています。

楽しみながらこういう「一連の健康運動」を続けているうちに、ゴルフも楽にプレーできるようになり、体形面での先述の「復活」も効果として表れるようになり、将来への健康ということへの確信も持てるようになりました。50代に入りたての頃までは考えてもいなかったことですが、「エージシュートを目指そう」という発想も浮かぶようになりました。

私は50代に入りたての頃までは、「70まで生きられるだろうか」という気持ちさえ起こることもありました。それが今や、「我がゴルフの全盛時代は、70代！」という、70代やその先への楽しみな気持ちや手応えを感じるように変わってきたのです。これは、「健康寿命が延ばせた」ということの表れそのもので、こういう運動効果が私には得られたのです。

コンディションづくりの方法はいろいろあるはずです。「自分流」にいい方法を工夫しておやりになるとよいでしょう。プロと違って我々アマチュアは、厳しいトレーニングは必要ないことです。無理することはなく、負担にならず、要は楽しめる程度のものでいいのです。

歩いたり体を動かしたりすればよいことで、それが楽しみとなれば、自然に長続きもし、

「週末の楽しみ」、そして定年を過ぎますと、それが「日々の楽しみ」ともなってきます。

三 「速歩」「軽い筋力運動」「ストレッチ」「ゴルフ体操」が、4本柱。

偶然にもというか幸いにもというか、そういう場所が歩いているうちに見つかったということで、私は「速歩」と「筋力運動」と「ストレッチ」と「ゴルフ体操」という、「いまのゴルフ」や、エージシュートも狙える「これからのゴルフ」に向けてのコンディションづくりへの、極めて有効な「一連の4つの運動」の組み合わせを、ごく自然な形で始め、そして続けるようになったのです。

このように、それぞれを趣味として楽しみながら、すでに19年以上続けているわけです。

私の場合は、こういう楽しみ方を見つけたことで、これ自体がすぐに「ゴルフと並ぶ、週末の楽しみ」となりました。その効果も十二分に感じるようになっていることで、定年後の10年余りは、「午前中の日課」、「日々の楽しみ」として週に4、5回、楽しんできました。

現役の頃は週に2回程度、定年後は週に4、5回、「一連の健康運動」の中で、ゴルフをやったような気分もそれなりに味わえています。そして、体の慣らしやゴルフ勘の維持など、「練習不足のカバーもできる」ようになっていたのです。

70代に入ってもそれを続けていくことで、これから先のゴルフも、これまでと変わらず「いいコンディション」で楽しめ、80歳、90歳を過ぎてもなお、「その延長上」というような、そういう年代となっても悠々とした姿で飛ばせるゴルフが楽しめる、「筋力・持久力・柔軟性」も維持されていくでしょう。その「道筋」が、私には見えているのです。

普通には下降線を辿っている人がほとんどの70歳前後ですが、私には「これからが我がゴルフ人生の全盛時代」という楽しみな気持ちであり、そしてこの本でご紹介していきます諸々の上達法で、「70代前半からのエージシュート、つまり、70台前半のスコアでのエージシュート」などという、楽しみな、「確かな手応え」も感じるようになっています。

この、「お金のかからない、自然の中での健康運動」が楽しめていることで、ゴルフへの効果だけでなく、リタイア人生もヒマを持て余すことなく、日々が健康的に過ごせる明るいものとなっています。「健康体」が楽しみながらつくられ、そして維持されているのです。

トレーニングの方法として、ジョギングやランニングなどという方法もあります。これは「速歩」より運動量は多いし、トレーニング効果としてはより効果があるかも知れません。

しかし続けるのは大変でしょう。やり慣れた人には何ともないようなその運動が人によっては心臓や足に負担がかかり過ぎ、急にやったり無理したりすれば、その点での危なさや、膝や股関節などを痛める危険性もあります。故障や事故は避けたいものです。中高年の人は、体力、体調などに応じて特に最初は無理しないようにされたがよいでしょう。走るより歩くほうが無難です。「人それぞれ」に歩く速さや時間、距離などを自分なりに調整し、徐々にそれらを延ばすようにされたらよいのです。ゴルフは「歩くスポーツ」であり、「コンディションづくりには速歩で十分」と、19年余の私の実体験やその効果の表れから繰り返しておきます。

そして、歩くだけでなく、歩いた後のストレッチをきっちりやっておくことも筋肉の疲労回復や、故障を防ぐ意味からも大切なことです。

さらに、「一連の健康運動」の最後に行う「ゴルフ体操」で、現在の私の「ゴルフモード」には、「常にスイッチが入っている状態」となっているのです。これが、「健康体の姿」です。

四 70代、80代となっても飛ばせるゴルフが楽しめる。

多くのゴルファーが「思うように体が反応しない状態でのゴルフ」やプロが教える難しいイメージでの、「3時に当てにいく打ち方」をし、なかなか上手く飛ばせず、そして「70台で回ることや、エージシュートなんて、夢のまた夢」、とも思われていることでしょう。

そしてこれまでの延長上の、「盲点にはまった技術面だけからの上達法」のままでは、さらに「運動はゴルフだけ」というような人は、それが不可能となっていく人やゴルフ人生を早くからすぼませ始めたり終わらせたりする人が、「大多数となる」でしょう。

これがこれまで大方のゴルファーが辿ってきた道で、その道を進むこととなるでしょう。

しかし幸いにも私には、この本でご紹介しています「諸々の易しい上達法」が、すっかり身についています。その上で、4つの運動の組み合わせという「一連の健康運動」を、この先ずっと生涯、「午前中の日課」、「日々の楽しみ」として続けていきます。

「悠々のゴルフ人生」を永く過ごせるようになるためには、「筋力・持久力・柔軟性」を増強、維持していくことも肝要です。「いうことを聞く体のコンディションをつくり、それを維持していく」、つまり「健康体をつくり、保つ、ということが肝要」、ということです。

しかしそれは難しいことではなく、こういう「一連の健康運動」を、楽しみながら続けていくうちに自然に身につくものです。そして、それを続けていく限り保たれていきます。

老化による心身の衰えは誰にでもあることです。しかし「それをずっと遅らせる」ことは可能であり、また、趣味のようにして楽しみながらやれる、「易しいこと」でもあるのです。

「歩ける間はゴルフができる」という言葉もあります。「一連の健康運動」で足腰も強化され、「歩ける間」という「間」もグンと長くなります。元気な姿で、ゴルフがずっと永く、そして熱く、それが「普通の感じ」で、悠々とした姿で楽しめるようにもなれるのです。

「我がゴルフ人生の全盛時代は、これから先の、70代！」と、私は「まだまだ上昇気配」という状況にあります。

現在の220ヤード前後というドライバーの飛距離は、70歳を過ぎたという「相応」で無理しての故障はしないようにと、これを無理に延ばそうとは考えてはいません。しかし一方で、読者もこれに近い飛距離は出せたほうがよいでしょう。我々普通のアマチュアとしては、この飛距離があれば十分なのです。70歳を過ぎた人がこの飛距離を出せれば、同伴競技者からも感心され、あるいは驚きや羨望の眼差しで見られるものです。その飛距離を余裕の姿で見せられる、そういうゴルフが「自分流の、普通の感じの悠々とした姿」で楽しめるわけです。

私もいずれピークは過ぎるでしょう。しかし上昇気配をつくり出した諸々の方策を、これからも続けていきさえすれば、現在の飛距離は当分維持できます。「飛ばしの奥儀」からのショット技術の向上とともに、無理せずとも飛距離はまだまだ延びるかも知れません。70代、80代となっても、その飛距離は十分維持できるのです。そういう年代となって、そういう飛距離での「熱いゴルフ」が楽しめれば、さぞ楽しいことでありましょう。楽しめるのです。「いうことを聞く体」という「健康体」を保てば、読者にも「悠々のゴルフ人生」がこれからさらに永く、熱く、愉快に過ごせるようになれます。それを目指し、叶えましょう。

加えて、その飛距離が読者にも「普通に出せて、維持もできる」ようになれる、「相応のゴルフ」の中での、その「飛ばしの奥儀」を、第1章でご紹介しました。しかし「ゴルフは、技1・頭4・体5のスポーツ」です。「技」は大事な要素に違いありませんが、「1の比重」の、それのみに目を向けて体が反応せず、それで上達が進まないでいる人も多いのです。

そして、「技」だけに関心がいっていたことで早くから「老いたゴルフ」となり、ゴルフ人生をすぼませてしまう、「早くから心身が枯れ始めてしまう」人も多かったのです。

健康運動をせず、「運動はゴルフだけ」というような人は、体質による一部の例外はあるとしても、70歳辺りを節目として、大方の人がゴルフ人生をすぼませ始めます。

それが、「老いたゴルフ」、「寂しいゴルフ」という姿となって現れるのです。そうなってしまえば、「悠々のゴルフ人生」などという愉快な気分には、とてもなれないでしょう。

ゴルフは、気分転換や人それぞれの「生きがい」となれるものです。しかし健康づくりそのものとはなりません。これはその運動効果やプレー回数からして、多くのゴルファーが「実は、分かっている」はずのことです。

五 「全盛時代は、70代！」と言えるようになった楽しみな道筋。

70代ともなりますと、心身の老化は誰でも進みます。「我がゴルフの全盛時代は、70代！」などという発想は、普通は出てこないでしょうし、また、これまでは無かった文言でしょう。読者の大方も、「まさか」とか「うそだ」などと思われたはずです。しかしそれは、「技」の面だけに気を向けてきたからであり、「3点」を揃えて進めば、「普通に」叶うことなのです。さすがにこの年代ともなりますと、20代の頃のような体力や柔軟性などは、私にもありません。しかし我々普通のアマチュアのゴルフでは、そこまでの必要はないのです。ご紹介しました「一連の健康運動」の効果により、私は50代に入りたての頃より60代に入ってからのほうが、体力面、とりわけコンディション面で上回っています。

そしてそうなれた、「お金のかからない一連の健康運動」をこれからもずっと生涯続けていくことで、老化の進行も遅らせることができます。「筋力・持久力・柔軟性」の維持と、コンディションの維持も、それで可能となります。体のコンディションは、「70代となっても、私は、60代とほとんど変わらない」、ということなのです。

「ゴルフは、技1・頭4・体5のスポーツ」という中で、最も比重の高い「体」の部分をこの章でご紹介したことを続けることで、この先も当分、現状維持は可能となります。「体」の部分の全盛時代は、確かに私も20代から30代でありました。しかしその頃は、ゴルフの「技」と「頭」の部分が未熟な、90すら切れないレベルで、「ゴルフの全盛時代」という発想自体が浮かばない頃でありました。

そして、まだまだ伸びる余地のある「技」と「頭」の部分を、60代の頃より伸ばす、ということで、私のゴルフは、「70代のほうが、60代の頃より上回らせる」ことができます。

加えて、ゴルフで「全盛」とか、「悠々の気分」となるには、「それ相当の飛距離が保てている」ということも大きな要因となります。飛距離が落ち、同伴競技者やゴルフ仲間(敵?)にドライバーで大きく飛距離が置いていかれるようでは、「全盛」などという感覚は出てこず悠々の気分にもなれないでしょう。しかし我々には、技術書や雑誌があおる「プロの飛距離」は必要ないことです。

70代、80代となっても、「200ヤード程度なら無理せずに飛ばせる」という状態にあれば十分です。それが難しくなっていく人が大方のようですが、多くの読者にとっての永年の悩みだったかも知れないことも、きっと解消できるようになるはずです。それで同年代の人たちより楽に飛ばせ、余裕の姿が見せられるようになれます。「目からウロコ」のような、これから先への明るい光も見えだすでしょう。

70歳を過ぎた私ですが、60代の終盤となってから、「ボールの『4時の辺り』を狙って、素振りの感覚で打つ」という、「飛ばしの奥儀」ともいえる「4時打法」に気づきました。「4時を打つ」ことが意識として加わったことで、「3点」が揃いました。それが「私のゴルフは、まだまだ伸ばせる」という確かな手応えとなって、「これからが全盛時代」と、その感覚が出てきたのです。その楽しみが加わったことから、私は、「これからが、ゴルフ人生の本格的な謳歌だ」となり、「よし！」と、そんな気分が出てきたのです。

「我がゴルフ人生の全盛時代は70代！」と私が言える楽しみな道筋は、ここにあります。

六 「90歳の頃の自分の姿は」と、それを試してみる生き方を！

ここで、90歳を過ぎた人のような、高齢となった人たちの姿を想像してみましょう。

一部の例外を除き、そのほとんどの人が、「体が小さく」なっており、「気持ちが静か」になっています。静かに座っている姿や、背中を丸め、杖などをついてそろそろと歩いている姿を見かけるものです。それは、「人が枯れてしまったような姿」に見えませんか。

そういう姿となるのは、**「加齢とともに骨肉量が落ちたこと」が、一番の原因**でしょう。

それが原因となって気力も行動力も落ち、静かな姿とならざるを得ない状況となるのです。

これはほとんどの人がそうなってしまう、ある面では仕方のないことでしょう。

しかし……。

もし「自分はそうはならない」と今のうちに気づき、そのための方策を採りながら日常を

過ごすようにしていけば、それを続けた人の将来は、「どういう姿」で見られるでしょうか。読者ご自身で、「90歳の頃の自分の姿は」と、それを試してみる生き方をしてみませんか！それは、「骨肉量の増強維持に留意して過ごしていけばよい」という、実は簡単なことです。

結果的に私はその方策を続けながら19年余を過ごしてきて、その途中が現在の姿なのです。

「一連の健康運動」をご紹介したような形で続けていけば、「骨肉量」の増強維持もできます。つまり、その効果として筋肉量が増え、骨密度も高くなり、それが維持されていくのです。この「健康運動」を生活習慣としてずっと生涯続けるようにしていけば、私のようにその状態がずっと永く保たれます。「健康運動を続けよう」という気力がある限りは、日常の動きも活発になり行動力も落ちないものです。そういう日常が過ごせている人は、体脂肪や老廃物などの余分なものも減らせられ、心肺機能も高められ、諸々の「生活習慣病」の、予防や改善もできます。そしてそれができている間は、当然ながら「寝たきり」も防げます。

「健康ゴルフ」を続けていけば、「骨肉量」の増強維持も可能となります。それをずっと続けていけば、続ける限り、ゴルフも永く楽しめるわけです。このことにも気づいたことで「これからがますます楽しみだ」と感じながら、私は70代へと入れたわけです。そして、70代、80代の延長上には、90代となっても心身を枯れさせない姿でのゴルフも楽しめるでしょう。

「それを目指して、楽しみながら過ごしていく生き方もまた、悪くない」

「まえがき」にもご紹介しました**「この生き方」**こそ、「ゴルフのある人の、真に悠々の生き方、楽しみながらの人生の過ごし方」です。読者も、きっと、そうなれるはずです。

健康長寿には、「飲食」などの別要因もありますが、それはこの本では割愛します。

七 「健康ゴルフ」こそ、「悠々のゴルフ人生」への共通形。

ゴルフはいうことを聞く体のコンディションと、200ヤード程度なら楽に飛ばせるという打ち方を身につけ維持していければ、老若男女年代に関係なく、十分「熱く楽しめる」ものので、それには、やはり「体」の部分が最も重要と、あらためて強調しておきます。

私は、天気のいい平日に、行きたい時にはいつでもゴルフに行け、そして「老いたゴルフ」、「寂しいゴルフ」となっている人が多い中で、70代となっても200ヤード程度なら無理せずに飛ばせるゴルフができ、悠々とした気分で一日が過ごせています。

そういう日々を健康的に余裕で過ごせ、そしてそれが将来にわたってずっと永く楽しめるというその手応えと確信で、「悠々のゴルフ人生」などと、明るい気分にもなれているのです。それは、「プロの教えの100年の盲点」を知り、「なぜ」を正しくつかみ、「3点」を揃えて進まれれば、読者にも「普通に」叶うようになる、実は「身近で、易しいことだった」のです。

その悠々の明るい気分も、「自分流の感じ方でもいい」ことでもあります。

「これまでより、いいコンディションでゴルフが楽しめている」

「これまでより、楽に飛ばせるようになってきている」

「これまでより、いいスコアで回れるようになってきている」

「この調子で、ゴルフがずっと永く、熱く、楽しめそうだ」

読者のこれまでのゴルフに、これらの一つでも感じられるようになってくれれば、気持ちもさらに明るくなり、ゴルフがもっともっとおもしろくなってきます。

「自分流」に、「健康ゴルフ」を含めた「3点」を揃えて楽しんでいるうちに、読者それぞれのレベルも上がりだし、それで明るい気分も増してきて、そのゴルフが健康的に永く悠々と楽しめれば、それでいいことです。

この本のやり方への理解と実行があれば、やがて読者にも前述の4つともが感じられるようになり、「悠々のゴルフ人生」が、きっと、永く謳歌できるようにもなれるでしょう。

悠々の気分は「人それぞれ」ですが、「健康体であることは、共通するもの」です。

「一連の健康運動」を楽しみながら「体のコンディションづくり」をする。それをつくりながら、それで可能となる「いい姿」でのゴルフを、悠々とした姿で続ける。「健康ゴルフ」と呼ぶこれらこそが、「悠々のゴルフ人生」への原点であり、共通形であるのです。

胃腸が弱く疲れやすいこともあり、50代に入りたての頃には「70まで生きられるだろうか」と思うこともあった、そして老化現象も目立ち始めていた私が、その70歳を過ぎて「我がゴルフ人生の全盛時代は、70代！」と思えるようになり、その手応えも十分感じるようになっています。これが、先述の、「健康寿命を延ばせた」、ともなるのです。

多くの人が「枯れ始める」年代となって、私には「ずっと先までそうはならない」余裕があるのです。ご紹介しました「一連の健康運動」は、それを19年余実行してきた私には、こういう大きな効果をもたらしてくれたのです。それは読者にも、続けていかれれば、同じように、「普通の感じ」でもたらしてくれるように、きっとなるはずです。効果を急がず、楽しみながらずっと続けていけばいいのです。それが「ゴルフを楽しむ人の生き方」ともなり、「悠々のゴルフ人生を叶えてくれる」ようになっていくのです。

「健康体づくり」は難しいことではありません。ご紹介したような「一連の健康運動」を続けていくうちに、「ごく普通に」つくられていく、易しいものなのです。そしてそれ自体が、これから先、ゴルフと並んでずっと楽しめる、「生涯の楽しみ」ともなっていくのです。

ここまでの、「飛ばしの奥儀」と「夢の上達マニュアル」、それに「悠々のゴルフ人生」を過ごす要となる「健康ゴルフ」の「3点」を揃えることに加えて、ゴルフがさらに楽しめるようになる、「心」の部分をどう反映させるかについて、続けてご紹介していきます。

それは、まず「自分に合ったゴルフを見つける」ことが有効なこととなります。

「本番に弱い」と思っている人には、特に有効となるでしょう。

第6章

「自分に合ったゴルフ」を見つける。

無理せず、「自分に合ったゴルフ」を見つけましょう。
「相応のゴルフ」が「自分に合ったゴルフ」となります。
上達が進み易くなり悠々と楽しめる方向にも進めます。

一　「相応のゴルフ」が、自分に合ったゴルフとなる。

「ゴルフは人それぞれ」です。幸いにもゴルフで生計を立てる必要のない我々アマチュアゴルファーは、「自分流で」と、好きなようにやって楽しめれば、それでいいことです。

しかし、多くのゴルファーが技術書やゴルフ雑誌にあおられて、「飛ばさねば」、などと背伸びして無理した「自分に合っていないゴルフ」をして、それがゴルフを難しいものとし、スウィングフォームも悪くして、上達が進まない原因の一つをつくっているのです。

ただ、「自分の好きなようにやって」とはいっても、「飛ばしたくても飛ばせない」、「飛ばすのはあきらめている」というようなゴルフでは、ちょっと寂しく、つまらないです。しかし、そうなっている人も、ここまでの章で、この先への新たな光が見え始めてくるはずです。

何年やっても100や90が切れなかったりして、上達が進まなくてもつまらないです。しかし、そうなっていた人も、上達が楽に進み出す方向への新たな光が見えだすはずです。

中高年となり、年を取るにつれて飛距離がさらに落ちだしたり、スコアも落ちだしたりしておれば、これも寂しく、つまらない。それを感じだしたために、だんだんプレー回数が少なくなったりしてゴルフ人生を早くからすぼませていくゴルファーも多かったようです。しかし、下降線を感じ始めていた人にも、「復活」への光が見え始めているはずです。

この本の読者には、ゴルフの上達もグンと進み出し、そしてゴルフ人生も、永くそして悠々と、もっと愉快に楽しめる方向へと、「普通の感じ」で進めるようにきっとなれます。

それをもっと確かなものとするためには、今のゴルフを「自分に合ったゴルフ」に変えるようにすることが有効です。これまではその「自分に合ったゴルフ」が見つからないままに、本や雑誌のイメージでの、難しく背伸びした、ゴルフをやっていた人が多かったはずです。それもゴルフを難しいものとし、またなかなか上達できない原因をつくっていたのです。

「自分に合ったゴルフ」が見つかれば、読者の上達はもっと楽に進むようになります。

第1章で「飛ばしの奥儀」をご紹介しましたが、この本はすべての読者に「大きな飛距離を」と、それをあおるものではありません。「ゴルフは人それぞれ」です。その「人それぞれ」というなかで、「実は、そんなに背伸びしなくても、もっと楽に飛ばせるようになる身近な打ち方がありますよ」、ということをご紹介したものです。自分に合った範囲での、自分ができる飛距離を、もっと楽に延ばせるようになれますよ、ということです。

「自分に合ったゴルフ」とは、「自分相応のゴルフ」ということです。私はそれを**「相応の**

ゴルフ」と呼ぶようにしています。ここでご案内します「相応のゴルフ」とは、「自分のゴルフ環境に相応の、背伸びしない、自分に合った、余裕ある、しかし飛ばせる、いい姿でのゴルフ」のことをいいます。「本番に弱い」という人も、それで気持ちも楽になります。

平日のコースでは、還暦を過ぎても若々しく見える、元気な、そしてお上手なゴルファーも時には見られますが、比率としては少ないものです。それら一部の人を除いた、還暦後のゴルファーには、ほぼ2つに分けた傾向が見られます。

1、飛距離をあきらめたような、ただ合わせるだけ、当てにいく、というスウィングでの、「心身が早くから枯れ始めた」ようなゴルファー。

2、渾身の力を入れて、必死に飛ばそうとしながらボールはその辺にしか、というような、フォームがぎこちない、体が硬くなってしまったようなゴルファー。

いずれも、「教えの盲点の被害者」ともいえる、「自分に合っていないゴルフを続けた結果の姿」といえます。「相応のゴルフ」は、「余裕で飛ばせる」、いい姿が見せられるゴルフができるようになります。そうなれば、これからのゴルフを、もっともっと楽しくさせます。

二 「ゴルフメモ」で、「自分に合ったゴルフ」も見つかる。

第2章で、**「夢の上達マニュアル」**として「ゴルフメモ」をご紹介しました。これは「技と頭（心）の部分の整理、集約」ともなります。

これを上手く活用されれば、着実な上達に加え、「自分に合ったゴルフ」も見つかるようになります。この本の「ゴルフメモ」を原版とされて、パソコンのエクセルかワードで読者それぞれの「マイ・ゴルフメモ」をつくり、それでラウンドやショットの「シナリオ」をつくり、それを辿りながら、そのイメージを頭に植えつけましょう。時にはパソコンの前に立ち、画面を見ながらそれをシャドウスウィングで体現してみましょう。これも「いい練習」なのです。新しいひらめきや悟りがあった時は、それを入れて「ゴルフメモ」を更新しましょう。気が向いた時やひらめいた時にパソコンの前に座り、それらを繰り返しましょう。

「本番に弱い」と思っている人は、「ゲームプラン」を上手く活用しましょう。

これらは「いいヒマつぶし」ともなり、「楽しいひと時」を過ごせることにもなります。

その繰り返しで、自分に合った、「相応のゴルフ」も見つかるようになるはずです。

パソコンに「マイ・ゴルフメモ」を入れておけば、気が向いた時や、新しいひらめきがあったりした時は、画面を見ながら「ゴルフメモ」を更新することもでき、また、この画面を見ながらシャドウスウィングなどをするようにすれば、「シナリオ」が頭と体にもより植えつけられます。それが「いい練習」ともなり着実な上達にもつながります。そういう日常を過ごしていくうちに、「自分に合ったゴルフ」も見つかります。

三　まずは、100や90が「楽に切れる」レベルに。

「相応のゴルフ」とはいっても、100や90が切れない状態では、なかなかそんな余裕は出ないでしょう。まだ体力があるはずなのにそれが生かせず、また、体がいうことを聞かず、思うように飛ばせない状態であれば、これまた余裕も出ず、十分には楽しめないものです。

ここではまず、「100が楽に切れるようになる、早道の方法」、そしてそれが90や80を切れるレベルにもつながっていく、「身近な方法」からご案内します。

まず述べておきたいことは、「100を切る」というようなことは、逆にいえば、それを切れないということは、技術的な問題ではなく、これはゲームプラン、つまりどのようにコースを攻めていけばいいかという判断力、すなわち、「ゴルフでの頭の問題」にかかっている、ということです。

「100切りうんぬんは、技術以前」、つまりは「頭（心）」の問題なのです。

このやり方を覚えることで、これまで苦労してきたことがウソみたいにゴルフが楽になります。「難しい」と思っていたことが、「易しいもの」と思えてくるでしょう。なかなか切れなかった100というスコアも「早々に楽々と切れるようになる」でしょう。そうなれば、それなりの自信もつき、また余裕も出て、ゴルフがより楽しみとなり、もっとおもしろくなってくるはずです。余裕の姿が見せられる「相応のゴルフ」への、まず第一歩です。

以下は、「100を楽に切るための早道の、易しいゲームプラン」の具体例です。

コースは千差万別です。各ホールの形状もすべて違っています。さらに気象条件や風の強さ、風向き、そして自分のその時の体調など、そういった組み合わせで、同じコースでも攻め方は違ってきます。

ここでは、ホールの長さ（距離）を基準に、「100が楽に切れるようになるため」の早道としての「進め方（ゲームプラン）の例」を、ロングホールを例にとってご案内します。

例えば、530ヤード　パー5。

こういうホールを迎えますと、「100がなかなか切れない」という人にとっては、まずその距離の長さがプレッシャーとなってくるはずです。「力み」も出てくるでしょう。

しかし考え方をうまく変えられれば、そのプレッシャーや「力み」は消えていきます。

「100を切るためには、パーオンはいらない。今の自分には、ここは3打で乗せる必要はない。４打で乗せられれば上等なのだ」

と考えてみましょう。「あそこに打って、あそこに打って、あそこに乗せて」を、「あそこに打って、あそこに打って、そしてあそこに乗せて」と、「あそこに打って」を1回多くすればいいのです。そういう気持ちの余裕がそこで出せるようになれば、上手く飛ばせない人やショットが不安定な人であっても、気持ちがグンと楽になります。無理して背伸びする気持ちも抑えられ、力みも減り、「無理が原因の大ケガ」も減っていくでしょう。

これが、「いいフォームで、余裕の姿で打てるゴルファー」への「第一歩」ともなります。

５３０ヤードの距離を、「今の自分にはボギーオンで上等」と考え、４つに分割して考えられる気持ちの余裕がそこで持てれば、攻め方もグンと楽に、易しくなってくるのです。

５３０Ｙ↓『１８０Ｙ＋１６０Ｙ＋１６０Ｙ＋30Ｙ』

このような、「無理せずに打てる距離の分け方」を、ティーグラウンドで思いつく余裕が持てるようにしたいものです。そうすれば気持ちも楽になります。そんなに飛距離を無理することもなくなり、攻め方も易しくなってきて、スコアもグンと良くなっていくはずです。

これらの距離は、コースの長さや形状により、それぞれ前後が多少違ってもいいわけです。

要するに、「背伸びせずに打っていける距離の、広く安全な場所」ということです。

ボギーオンを狙うということであれば、何もロングホールだからといってティーショットで無理して200ヤード以上も飛ばす必要はないのだ、という気持ちの余裕も出せるでしょう。

「まず、安全な所に打っておけばいいのだ」という「ゲーム感覚」での余裕です。そうなれば、これまで重くのしかかっていた「飛ばさねば」という距離に対するプレッシャーは消えるはずです。1打目の180ヤードが、それ以下であってもかまわない。ロングホールだからといって、何も「ドライバーで、無理に背伸びして力を入れて打つ必要もない」のです。

これが、無理せずに打っても200ヤード以上飛ばせるという打ち方を知りそれが身につけば、パーオンの確率はグンと高まり、90や80が楽に切れることにもつながりだします。

それが、読者には身近に叶うようになれます。「80さえも普通の感じで切れるようになる」その飛距離が楽に出せる、「目からウロコ」の身近な「4時打法」を、第1章でご紹介しました。「相応のゴルフ」の中で、「自分に合った飛ばせる打ち方」が可能となる方法です。

当面は、1打目は、無理しなくても届く広く安全な場所（フェアウェー）を狙って、肩の力をうんと抜いて、「大体あの辺でいい」と、楽に打っていけばよい……。

そういう「ゲーム感覚を持った」楽な気持ちでの打ち方ができるようになれば、「いいフォーム」でも自然に打てるようになり、それで、余裕の姿も次第に見せられるようになります。

2打目、3打目も、まだ長い距離が残っているからといってフェアウェーウッドやロングアイアンなどの苦手な長いクラブを持って、「飛ばさねば」と力を入れて無理して叩く必要もありません。もちろん、それで打ってもいいわけですが、得意なクラブで、安全な所へ、力まずに楽に打っていってもいいのです。「それが、頭のいい人のやり方」です。

要するに、そんなに飛ばない人でも、ロングホールも、「ボギーオンであれば、誰にでもできる距離なのだ」ということが分かるでしょう。そんなに背伸びする必要はないのです。ボギーオンすれば、2パットでボギー、3パットでダブルボギー。すべてのホールでボギーオンして2パットで上がれれば、スコアは90！

100で回ればいいのであれば、さらにあと10回も、ミスが許されます。これが9回以下で済めば、一度もパーが取れなくたって100が切れるのです。無理しないことでティーショットを大きくミスしなければ、パーが取れる確率も当然高くなり、90も切れるかも知れません。

こういう気持ちや作戦でプレーできれば、「100を切るということが、いかに易しいことであったか」ということも、このやり方ができるようになれば、分かってくることです。

ミドルホールや長いショートホールも、こういう攻め方をすれば気持ちも楽になります。ゴルフがもっと易しく感じられるようになり、実際に易しくなります。また、短い距離での正確性を身につければ、「寄せワン」でパーを取っていく楽しみも増えます。

ゴルフは「頭のスポーツ」であり、「ゲーム」でもあります。人それぞれですが、**「無理な飛ばし」から入るため、ゴルフを難しくしている人も多い**のです。こういう「余裕のゲーム感覚」でゴルフができれば、上達も楽に進み、「いいフォームでのゴルフ」となってきます。

四 「相応のゴルフ」は、「上級スタイルでのゴルフ」への道ともなる。

「相応のゴルフ」は、こういう余裕のあるゲームプランを持ってプレーすることが第一歩となります。大方のゴルファーが「飛ばせるようになることが上達への道」などと無理して飛ばそうとし、それが「自分に合わないゴルフ」となり、ゴルフを難しくしているのです。

その一方で、ここまで「その180ヤードが出せないから苦労しているのに」と思いながら読んでこられた人も多かったでしょう。しかし大丈夫です。読者のどなたにも、それ以上の飛距離が、別に無理しなくても「普通の感じ」で出せるように、この本できっとなれます。

この「ボギーオン狙い」のやり方は、単に「きざみ」という感覚でなく、これまでの力に頼ったフォームもおかしい無理したゴルフから、「いいスウィングフォームでのゴルフ」ということを狙っての、**「上級スタイルでのゴルフ」への「第一歩」**ということになります。これからのラウンドは、「上級スタイルでのゴルフ」ということを意識して回りましょう。

「相応のゴルフ」の理解と実行が、その方向へとさらに導いてくれます。「難しいゴルフ」から「易しいゴルフ」へと。「相応のゴルフ」は、つまりは「背伸びしない、自分に合った身近なゴルフ」なのです。それが、「上級スタイルでのゴルフ」へとつながりだします。

そして、なかなか100や90を切れなかった人も、そして飛距離が出ず苦労されていた人も、読者には、背伸びしなくても200ヤードくらいは楽に飛ばせるようにも、きっとなれます。

それで、90や80さえも切れる、そして、悠々とした姿でゴルフができる、「もっともっとおもしろい、上級スタイルでのゴルフ」へと、読者を、普通に、向かわせてくれます。

五 「ボギーオン狙いのゴルフ」から、「パーオン前提のゴルフ」へ！

「相応のゴルフ」が理解できそのゴルフができるようになれば、「飛ばさねば」、と思って力まかせにクラブを振り回し、成り行き次第での不安定なドタバタゴルフになってしまっていたことも解決できます。飛距離をあきらめてしまったような「ただ合わせるだけ」というゴルフからも抜け出せます。そして、背伸びしなくても楽に飛ばせるようにもなります。この解決は、実は「頭」次第、つまり理解と状況判断次第の、「身近なこと」なのです。

「上体の力をうんと抜いて、ゆったりとしたよく肩の回る素振りのようないいスウィングで、ボギーオンをまず狙い、打ち方も狙い方も無理しないゴルフ」で、楽で安全なプレーをすることを、まず「第一歩」として心がけながら、その一方で、

「腕力に頼った目一杯のスウィングではなく、素振り感覚で飛ばせるいい打ち方を覚え、そのスウィングができるように意識しながら練習してそれを身につけ、プレーする」

このようにすればそれでよいのです。それが普通に叶う「4時打法」もご案内しました。

そして、その結果、そういういい打ち方ができるようになった時には、自然に方向も安定

します。そして飛距離も、そんなに無理して力を入れて叩かなくても、力んで目一杯叩いていたこれまでよりも楽に出せるようになっている、ということにも気づかれるでしょう。

「ボールは、肩の力を抜いたゆっくりしたいいフォームでのスウィングで、素振りのように打てるようにできれば、そんなに無理して力を入れて叩かなくても十分に飛んでくれる」

このことを理解し、そういう「いいフォームでの打ち方」を知り、それを身につけ、それで、きっちり飛ばせるようになりたいものです。「相応のゴルフ」がそれに向かわせます。

若く体力もある読者なら、その姿で、そして「4時打法」のマスターで、飛ばし屋としての周りがうらやむようなゴルフが大いに楽しめる方向にも、普通に、進めます。

一方で、還暦を過ぎたゴルファーでも「200ヤード程度なら飛ばせる」ようになれる、「年を取っても楽に飛距離が伸ばせるスウィングづくり」への身近で易しいやり方も、すでに、「4時打法」や「ゴルフ体操」としてご案内しました。

「4時打法」がマスターできれば、どなたにも十分な飛距離が無理なく出せるようになり、「ボギーオン狙いのゴルフ」から「パーオン前提のゴルフ」へ進み出せます。それが読者の「相応のゴルフ」となって、もっとおもしろいゴルフが楽しめる方向へ、と進めます。

六 「悠々のゴルフ人生」への、身近な道筋。

私は、「アマチュアとしてのゴルフは、本来は易しい」と思えるようになれています。それは、「プロやそれに近いトップアマのゴルフと、我々普通のアマチュアのゴルフとは、実は似て非なる、異質のものである」ということに、「ふと気がついた」ことが発端です。「アマチュア（私自身のこと）は、アマチュアのゴルフをやればよいのだ」という「自分のゴルフ環境に相応に」という**「相応のゴルフ」**に、気がついたことがきっかけでした。微妙な違いで単純な発想でもありますが、このことに気がついたことで、私は「目からウロコが落ちた」ように、プレーする時の気持ちが楽になり、ゴルフがグンと楽しくもなっていきました。「プロとは違うのだから、そんなに無理して叩く必要はないのだ」と、余裕が生まれ、無用なプレッシャーや力みも取れて、それで、「余裕の姿で打てる」ようにもなりました。

「自分相応のゴルフ」となって、「無理して、背伸びしてまでは飛ばさない」ようになって、それまで「難しい」と思っていたゴルフが、「グンと身近な、易しいもの」と思えるようになりました。そして「月イチでも70台」という、「余裕ある、しかし飛ばせる」ゴルフが、そういう悠々とした、「上級スタイルでのゴルフ」で楽しめるようになってきたのです。

つまり、「ゴルフが自分に合うようになってきた」のです。

さほどの練習やラウンドもしない、という大方のゴルファーは、プロが教える立派なことをやろうとしてゴルフを難しくしてしまうよりは、この本のやり方での、「プロとは異質」と割り切った、自分のゴルフ環境に相応の、飛距離を背伸びしない、「身近な取り組み」をされたほうがこれからのゴルフもグンと易しくなり、それで、上達も楽に進み出すのです。

ゴルファーの大多数が、過去に読んだ技術書やゴルフ雑誌の記事にあおられて、「それがゴルフのやり方」と思い込んで、「難しい気持ち」で、「無理したゴルフ」を続けています。

しかし、プロと我々普通のアマチュアのゴルフ環境は、実は「かけ離れている」のです。「ゴルフは難しい」となる原因のほとんどは、プロの教えを、彼らとかけ離れたゴルフ環境にあるアマチュアが同じようにやろうとするところに起因していることなのです。「自分に合っていないゴルフ」を、それが「いい方法」と思い込んで、何年も上手くできないまま、無理して飛ばそうとするゴルフを続けているというのが、これまでの大多数のゴルファーの実態でしょう。上達が進まないというのは「当たり前」、といえることだったのです。

我々普通のアマチュアのゴルフは、「プロとは異質のもの」なのです。「異質」なのであれば、その高度な技術、テクニックをマネたり無理して追いかけたりすることは、上達を逆に遅らせる、あるいはそれをストップさせてしまう、ということにもつながります。大多数のゴルファーが上達できないままでいる、あるいは上達をあきらめてしまうというその大きな原因は、「盲点」である技術書やゴルフ雑誌にあおられた、実は、ここにもあるのです。

「できないベストより、できるベターで」。我々普通のアマチュアは、これでいいのです。

「プロとは異質」ということに気づき、「自分に合ったゴルフ」をするように変えれば、ゴルフはグンと「身近で易しいもの」となり、悠々とした姿でゴルフがもっと楽しめます。それで十分に「飛ばせるゴルフ」も楽しめるようになり、「月イチでも70台」などと、いいスコアでのゴルフも楽しめるようになれます。「相応のゴルフ」を「自分流」とし、「一連の健康運動」で「健康体づくり」をし、そして身近な「4時打法」と「夢の上達マニュアル」のこの**「3点」**を揃えて取り組むことで、はまっていた「教えの盲点」からも抜け出すことができ、それで、「自分に合った、身近なゴルフのやり方」もきっと見つかるはずです。

「プロの教えの100年の盲点が、上達を致命的に阻んでいた」と、繰り返し言っておきます。

七 「健康ゴルフ」は、人生そのものも、もっとおもしろくしてくれる。

「我がゴルフ人生の全盛時代は、70代。80代、90代もその延長上」などと、楽しい気分で過ごせる「悠々のゴルフ人生」は、それが実現すれば、ゴルフを愛する人にとってはこの上ない幸せなこととなるでしょう。しかしゴルファーの大方が、これまでそのことへの思いが薄かった、あるいは、「はなから無かった」のではないでしょうか。

その一番の理由として、「ゴルフは難しい」という「常識」の中で、また、「技」の面だけに目がいって「コンディションづくり」ということを忘れ、「いうことを聞かない体の状態で難しいゴルフをしていた」ことがあるでしょう。それで上達がなかなか進まず、また、「老いたゴルフ」の道へと早々に進んでしまい、「あきらめ」も出て、「自分もそんなゴルフ人生が過ごせる」ということには、はなから思いが及んでいなかったこともあるでしょう。

しかし読者に、その「悠々のゴルフ人生」を、「健康ゴルフ」がきっと叶えてくれます。「健康ゴルフ」は、やがて、「目指そう」という明るい心もつくります。それを始めることが、読者を「悠々のゴルフ人生へ」と向かわせてくれる、その出発点ともなるはずです。

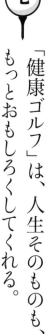

この本でご紹介した「3点」を揃えた上達法を、「相応のゴルフ」として取り組まれれば、読者の「上達が進んだゴルフ」は、やがて「年を取っても下手にならないゴルフ」となって、ずっと永く、熱く、悠々とした姿でも楽しめる方向へと、普通に、つながっていきます。

そして、その手応えが感じられるようになってくれれば、健康長寿への手応えともなって、読者の人生そのものも、もっともっとおもしろくしてくれるはずです。

次の最終章で、すでに「我がゴルフ人生の全盛時代は70代。80代、90代もその延長上」と「プロの教えの100年の盲点」を知り悠々の人生を過ごせている著者自身の、「悠々のゴルフ人生」の姿と、「ゴルフも人生も定年後が真におもしろい」と、心身をずっと枯らさずに楽しみながら過ごしている様子を、読者のこれからの目標や、参考になればと、ご紹介します。

年を取っても下手にならず、70代となってもなお上達が進み、「まだまだ上昇気配」でもあるという、「もう1回の40年」を楽しんでいる著者の、「悠々のゴルフ人生」の姿です。

それは、読者にも、この本の易しいやり方への理解と実践で、「普通に」叶うようになるはずの、身近な、悠々の姿です。

第7章

ゴルフも人生も、定年後が真におもしろい。

ゴルフも人生も「人それぞれ」ですが、それが真に楽しめるのは、自由な定年後でしょう。「もう1回の40年」を、楽しんで過ごせます。

一 ゴルフも人生も、定年後が真におもしろい。

53歳になりたてから取り組むようになった「一連の健康運動」は、「7年の助走期間」を経てのリタイア人生という形となり、心身ともに極めて健康な状態で、「これまでの人生も自分なりにおもしろかったが、ゴルフも人生も、これからの40年が真におもしろいぞ」と、野に放たれた野生児（爺？）の私は、元気に前向きに（笑）、定年を通過していきました。

それから10年余が経過しました。私はその10年余、ゴルフを柱とした文武両道の趣味三昧の日々を、心身を枯れさせずに、明るく気ままに悠々と楽しんで過ごしてきました。

「行こうと思えば、いつでもゴルフに行ける」

ゴルフを趣味として楽しむ人にとって、これは、何とも安心で幸せなリタイア後の特権であります。そのゴルフが、「自分流」で悠々と楽しめ、誰と回っても余裕の気持ちを内心で感じながら、悠々とした涼しい姿で一日が過ごせるわけです。

1、飛距離と、スコアと、気持ちにも余裕を持った、悠々とした涼しい姿でのゴルフ。

2、「行こうと思えば、いつでもゴルフに行ける」という、悠々としたゴルフ環境。
3、「これからずっと永くゴルフが楽しめる」という、たっぷりある悠々のゴルフ人生。

私はそれぞれを「悠々のゴルフ人生」と呼んで楽しんでおり、またこれからもずっと永く悠々とした気分で楽しめるわけです。この3つが揃った、私の「悠々のゴルフ人生」です。

私には多くのゴルファーが、「上達するためには飛ばせるようにならねばならない」、「飛ばせるようになることが上達への道だ」などと思い込んだり思い込まされたりして、「盲点」もある上達への道を、「技」のみで、難しく、そして、叶わぬままに追いかけているように感じられます。また、ボールを打つことだけを、「練習」と思っているようにも感じられます。

技術面だけから「飛ばすことをあおる」技術書や雑誌の記事が、ゴルフが日本に上陸して以来、100年以上にわたって無数という感じで溢れ、これからもさらに、手を変え、品を変え、「これこそが」という感じで、しかし「盲点」は残したまま、ゴルファーをあおるでしょう。

それは、技術を教えるという一定の役割は果たしてきました。一方で多くのゴルファーを混迷の道へとはまり込ませてきたことは事実であり、ゴルフをことさらに難しいものと思い込ませてきたことも事実でしょう。それを追う姿は、「悠々」とはほど遠いものです。

そしてさらにゴルファーの大方を、還暦を過ぎて早々に「老いたゴルフ、寂しいゴルフ」へと進ませ、あるいはゴルフ人生をすぼませる結果にも、つなげてしまっていたのです。

それは、ゴルフが日本に上陸して以来の「ゴルファーの100年の道」、言葉を変えれば、「気がつかないままに老いたゴルフ、寂しいゴルフへと至らせてしまう、気の毒な方向へと向かわせてしまっていた」、ということにもなるのです。しかし読者には、「そうはならない」という、「新しい方向への道」が用意されました。

「ゴルフは、技1・頭4・体5のスポーツ」なのです。このことを理解され、実行されたこの本の読者は、「着実に上達できる、身近で易しい方向」へと、ごく普通に、進めます。

「教えの100年の盲点」から卒業できる「飛ばしの奥儀」、すなわち「4時打法」を習得されることで、「自分に合った、余裕ある姿で飛ばせる方向」へと、普通に、進めます。

そして「上達したゴルフが、年を取っても下手にならない」で悠々とした気分でのゴルフができ、エージシュートも狙えるゴルフ、そういう「飛ばせる余裕のゴルフが、永く、悠々と楽しめる方向」へも、ごく普通に、向かえます。

これらは楽しみながら進んでいける、実は、「読者の身近にあった道筋」だったのです。

この本でご紹介したことの実行でそれが実現した著者の、「ゴルフも人生も定年後が真におもしろい」というその定年後の「悠々のゴルフ人生」の楽しみぶりを、読者も、「悠々のゴルフ人生」へと向かえ、そして叶うようになるための「ご参考までに」と、ご紹介します。

二 飛距離とスコアと気持ちにも余裕を持った、「悠々のゴルフ人生」。

「無理して飛ばさなくてもパーオンには苦労しない」

私はこの言葉を思いつき、それを可能とするスウィングを身につけ、体勢が崩れない余裕の姿で、ポーンという感じで220ヤード前後のドライバーショットを放っています。

「なんだ、そんな程度か」と思われた、飛ばし屋の読者もおられるでしょう。

「私は還暦をとうに過ぎた、レギュラーティーでラウンドするごく普通のアマチュアだ。この程度の飛距離があれば、それで十分なのだ」

この、開き直りのような、「自分流」としての「割り切り」が、「心の余裕」を生みます。

天気のいい日の「平日ゴルフ」が現在の主体となっていますが、1人でコースにフラッと行って、リタイアしたようなメンバー同士とのゴルフを楽しむことが多いものです。

「軽く振ってよくそんなに飛びますねえ」と、その飛距離でも毎回のように褒められ、感心されます。私のような年代では、これで、「飛ばし屋」と思われているようです。

飛ばすことが「若さ」と思われてか、飛ばそうと必死にクラブを振る姿をする人も、たいていは私よりボールは「かなり後ろ」です。飛ばしをあきらめてしまわれたか、ただ当てにいくようなスウィングで、ボールはその辺にしか、という飛距離の人もよく見かけます。体が硬くなり可動域が狭くなり、スウィングが小さくなり、フォローも小さくなり、伸び伸び感がなくなり、ぎこちなくなりと、諸々の、そういう「老いたゴルフ」の姿がよく見られます。

いずれも、**「3点」**を備えて進まれれば、「普通の感じ」で解決するものなのです。

そういう中で、その人たちより楽に振っているような姿で、私は220ヤード辺りの所に運び、普通にグリーンに乗せていきます。70代から80代となっても、私はそうでしょう。

67歳の4月、午前中に2オーバーの38で回った日の昼食で、「週に何回ゴルフにきておられますか」という質問を一緒に回った人から受けました。「今年になって、今日で、5回目です」とサラッと答えたところ、半分怒ったように口をとんがらかして言われました。

「あなたはゴルフを冒涜してます。私なんか毎週きとるのに。（ハーフ）50が切れんのに」と。これは人の好さが表に出た言葉で、別に悪い感情が入っているものではありません。

人の悪い私は「もう少しまじめにくれれば、もっといいんですけどね」と、ニヤッと笑って追い打ちをかけてしまったものです。本当のことを、そのまま言ったまでのことでしたが。午後からその人は、ずっと私のプレーを見ながら回っていたようでした。


「100を切れる人は全ゴルファーの10％程度、90を切れる人は5％程度に過ぎない」

第1章でご紹介しましたこの比率も、今の私には「何とも不思議」、そして「何ともお気の毒」と、その原因が分かっているだけに思えるものです。いずれも従来の「技術オンリー的な上達法」と「3時を打つ」という「100年の盲点」などによる上達効果の薄さが生んだ、「気の毒とも思われる、しかし、必然の比率」、といえるでしょう。

それらの上達法が、上達への道を「技」のみで追いかけるという「常識」もつくってきたために、ゴルフを難しくし、上達も難しくし、さらに、60代、70代という年代で、諸々の「老いたゴルフ」の傾向が、「早くから心身が枯れ始めている」姿が、その年代の多くの人たちに現れる結果を生んできた、といえるのです。

ただ、その楽しみ方も、リタイア人生でのゴルフも、「人それぞれ」ではあります。飛ばなくても、スコアが悪くても、天気のいい日にゴルフが楽しめればそれでもいいことです。

しかしそんな人も、「4時打法」「夢の上達マニュアル」「健康ゴルフ」の「3点」を備えれば、もっと楽しめるゴルフ人生が永く過ごせる「新しい方向」に、「革新的」に進めます。

私は、飛距離にも、スコアにも、そして気持ちにも余裕を持ってゴルフを楽しめています。繰り返しご紹介してきましたゴルフのやり方や過ごし方で、私のゴルフライフは、こういう「上達したゴルフが、年を取っても下手にならない」で、悠々とした姿で楽しめています。

私の「3点」の備えは、その過程自体を楽しみながら、つくってきたものです。

それをつくってきた過程を、「日々の楽しみ」として、私はこれから先も続けていきます。

ゴルフ人生も「人それぞれ」でありますが、そういう方向を「道筋」として進まれるのはいかがでしょうか。その「道筋」は読者にも易しく進める身近なもので、そしてヒマも有効につぶせて、それ自体を楽しみながら進んでいける、「身近な、普通の道筋」なのです。

その楽しみも味わわないまま、「目指す気持ち」も出ないまま、そして「老いたゴルフ」の方向などへと、「早くから心身が枯れてしまう」のは、いかにももったいないことです。

三 行こうと思えばいつでもゴルフに行ける、「悠々のゴルフ人生」。

私がゴルフに行くほとんどのパターンは、平日の、行く日の天気予報を見て、その前日の午後に「1人、どこかに入れますか」とコースに電話を入れ、スタート時刻の予約を取って行くものです。リタイアの身で、行こうと思えばいつでも行ける、というゴルフ環境にありますから、コースや道路が混んでいる休日には、もうまったく行かなくなりました。平日でも、天気のよい日の、気の向いた時のみ行けばいいという、「悠々のゴルフ人生」です。

定年後の当初は、朝起きた時の気分で車を走らせ、いわゆる「フリー」で行くことが多かったのですが、満杯で断られることが一度、二度とあって、前日に予約を取って行くようにしたものです。それでも前日では予約が取れなかったこともたまにあり、団塊の世代前後の人たちの大量リタイアで、「平日ゴルファー」も結構増えてきているようです。

65歳を契機に、長い間の「月イチゴルフ」を「週イチ」へと進めようとしました。しかし行こうと思った日の天気が悪い時や予約が取れなかった時などは、「また来週にするか」と、その週は行かなくなったりして、せいぜい「月2程度」で推移している現状です。

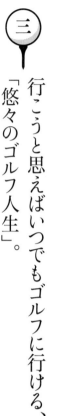

さらに、冬は「冬眠」と称して3ヶ月近く行かず、酷暑の頃も行きません。「健康運動」が楽しみでもある私はそういう時期はそれを楽しめばよく、無理してまでゴルフに行くことはない、という気持ちの余裕です。これから先も、いつでもゴルフに行けるわけですから。たまに仲間から「何月何日の都合は？」などと誘われて、その場合はかなり前に1組としての予定を入れますが、ほとんどが気の向いた時に1人で行くことにしています。

1人で行きますと、2人、3人で来ていた人の組に入れられたり、私と同じように1人できた者同士での組となったりして回ります。平日ですから、ほとんどの方がリタイア人生を過ごしておられる人たちで、クラブライフを楽しんでおられる人たちです。

幸いにも私には、相手がどういうレベルの人であろうと、まったく気になることはありません。お互いが、ゴルフを楽しむためにきていることは分かっていますから、そういうことを気にする必要はないことです。また、お互いにアマチュアですから、上手いか下手かということも、別に気にすることではないことです。

まずは名乗って、ごく普通に挨拶を交わし、そしてそれぞれ自分のペースでスタートしていくようにすればいいわけです。乗用カートで一緒に移動しますから、すぐにお互いが旧知であったかのように親しく会話するようにもなります。

「我らは天気のいい日を選んでゴルフにこられるからいいですねえ」などと、リタイアした者同士の呑気な会話も聞いたりしながらティーグラウンドに向かったりします。ゴルフ好きの人たち同士で、しかも楽しい気分でコースにきているわけですから、すぐにそういう間柄となっていくわけです。

その上で、私が1人で行くことを好んでいる大きな理由は気が向いた時にコースに行って「自分のゴルフができる」という点です。自分のペースで気軽にゴルフができるからです。

私は、ゴルフを2通りの形で楽しんでいるものです。

1つは、そういう「一人でコースに行って自分のペースでゴルフをする」という楽しみ。もう1つは、ご近所の方々や学生時代のOB仲間とのラウンドやコンペなど、仲間の人たちと親睦のゴルフをするという楽しみで、この場合は一緒に回る人たちとの「親睦を第一」として、プレー中の会話などを楽しんだりしながら、一日を楽しく過ごすようにしています。

「自分のゴルフ」ということの一つですが、近い将来の、エージシュートを狙うゴルフをやる場合は、よけいな会話はできるだけ控えながら、プレーに集中する度合いを高めるでしょう。気持ちを集中させたこういうゴルフもまた、これからの楽しみとしているものです。

68歳の秋の快晴無風の絶好のゴルフ日和の日でした。「今日はスコアをまとめることに集中し、アンダーに挑戦してみよう」と、その日は初対面の人と回ったこともあり、ほとんど会話もせずにラウンドを進めていました。1アンダーで8番をプレーしている時に、顔なじみのキャディーさんが笑顔で近寄ってきて、「梅本さん、少し手加減して頂けませんか。皆さんがみじめになっていらっしゃいます」と、申し訳なさそうに小声で話しかけてきました。「あ、ごめん。自分のことに集中していた」と、私もニヤッと笑い返したものでした。それからは会話にも自分から加わるようにしてラウンドを進めることとしました。結果として集中がやや途切れたそれからは、いつもの70台となるラウンドとなってしまいました。

一緒に回る人たちとの気軽な会話などお互いにゴルフを楽しみながらの、そういうゴルフの中でのエージシュートを狙う、その兼ね合いの中でいかにいいスコアを出すか、ということも、これからの課題であり、悠々の中での楽しみでもあります。

ただ、これからの目標でもあるエージシュートも、義務感を感じるような、絶対的なものでもありません。一緒に回る人たちとの融和も図りながら、「共にゴルフを楽しむ」という中で、上手くラウンドを進めることができて、その結果としてエージシュートの達成となれば、それに越したことはないと、そういう余裕の中での達成を狙っているものです。

まだ、「若干、その面での修行が足りない」、と思っている段階ではありますが……。

「悠々のゴルフ人生」などという余裕は、別な観点から見れば、「ストレスや気持ちの負担を感じるような大きな目標は持っていない」、ということもあるでしょう。

私は、「競技ゴルフ」ということには別に関心はありません。

「アマの競技に出て何かのタイトルを狙うとか、クラブチャンピオンを目指すとかいうのは、それを狙いたい人に任せればよい」という、余裕の感覚からです。

「ゴルフは、あくまでも趣味の一つとして無条件に楽しむもの」と、これも「自分流」であります。私は「プロ並みのラウンド回数や練習を続ければ、アンダーが普通となるようなレベルに上がれるだろう」とは思っていても、そこまで入れ込むことへの意味や価値を特には感じていないからで、これも、「人それぞれ」です。

「それが自分流だから」と、ストレスを感じるようなゴルフはせず、楽しさだけが感じられて、それで気楽に、「悠々のゴルフ人生」などと、余裕のある気分にもなれるのです。

一方、ゴルフに入れ込んでいる人には、この本のやり方で、プロレベルにも向かえるでしょう。

ゴルフは「人それぞれ」でのいろんな楽しみ方ができて、それぞれが「悠々と楽しめる」

という、それぞれの「楽しみな生涯スポーツ」であります。そして「もう1回の40年」の中でもそれがたっぷり楽しめるという、「心の柱」となれるものです。

ただ「行こうと思えばいつでもゴルフに行ける」というのは、リタイアした人で、ホームコースを持っている人のみの特権みたいなものです。「行くか行かないかは、仲間次第」というゴルフ環境では、「いつでも行ける」というわけにはいきません。将来こういう楽しみを味わうためには、まずはホームコースを持たれるか、それができるコースを見つけておかれることをお勧めしておきます。

先述のように、ゴルフの好きな人にとっては、「行こうと思えばいつでもゴルフに行ける」というのは、何とも幸せな気分や安心感が生まれるものです。このゴルフ環境も、「心の柱」となるもので、「ゴルフは、人生から外せない」という、明るい気持ちともなるものです。

四 これからずっと楽しめる、たっぷりの歳月があることの「悠々のゴルフ人生」。

70代へと入った私は、「70代前半でのエージシュート」、つまり「パープレーか、それに近いスコアを出してのエージシュート」を、楽しみな手応えと感じながら目指しています。

「なぜ」を知り、「教えの盲点」から抜け出し、**「3点」**を備えて続けることで、私は70代、80代でもエージシュートを狙えるゴルフが、「悠々と、余裕で楽しめる」でしょう。

そして私が「究極の挑戦目標」としているのは、「90歳を過ぎてのエージシュート」、ということにあります。これは、「達成できたとしたら凄いことだ」と思っていました。第一、そこまで生きられる人自体が少ないでしょう。さらにその時に、エージシュートを狙おうというような「枯れない心身が保てている人」は、「極めてマレ」であるでしょうから。

しかし……。

近い将来、本書の読者の多くからそれが達成できる人たちが出ることでしょう。読者も目指せます。「骨肉量の増強維持」が可能となり、また、「筋力・持久力・柔軟性」も増強維持できる「健康ゴルフ」を、今から始め、そしてそれを楽しみながら過ごしてゆきましょう。

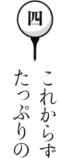

「いうことを聞く体」でのゴルフが楽しめるようになり、加えて、「飛ばしの奥儀」と「夢の上達マニュアル」によって読者の上達もグンと進むようになります。そうなっていく過程自体を楽しんで過ごすことが、すなわち「悠々のゴルフ人生を過ごす」ことにもつながるのです。

50代に入りたての頃は、90歳はおろか「80まで生きるのは難しいだろう」、そして時には「70まで生きられるか」という気持ちが起こることさえもあった私でありました。しかし今や「我がゴルフの全盛時代は、70代！」と、まるで違った感覚となれています。そして「90歳を過ぎてのエージシュート」という、はるか先への挑戦も目指しています。「一連の健康運動」を19年余続けているうちに、私は、「健康寿命」も、このように延ばせていたのです。「歩くことは健康長寿にもつながる」というその通りの効果が出ているのです。70代に入っても、これから先も悠々と楽しめる「たっぷりの歳月」が感じられています。

50代に入りたてから老化が目立ち始めていた私に、「復活」と、こういう手応えと自信の、そして「はるか先への手応え」も持つ、「悠々のゴルフ人生」が過ごせているのです。

「行こうと思えばいつでもゴルフに行ける」という悠々としたゴルフ環境となった中で、それがこれからもたっぷり長く楽しめるという、そのたっぷりの歳月も悠々とあるのです。

70代、80代、90代と、私にはまだまだたっぷりの、「いつでもゴルフに行ける悠々とした長い歳月」があるわけです。これが、私が「悠々の人生」を感じる、最たるところです。

そういう気持ちとなれる心身の健康と、それがつくれ、保てる**「3点を備えての上達法という新しい方向」**が見つかり、そしてそれを楽しみながら続けていることで「悠々のゴルフ人生」という余裕の気分ともなれ、そういう気分での日々が悠々と過ごせているのです。

五 「悠々のゴルフ人生」は、「目指して」過ごせば、普通に叶う！

ご紹介しました「悠々のゴルフ人生」は、読者のどなたにも、「目指して過ごせば、普通に叶う」という、実は、「身近な、易しいこと」だったのです。

幸いにもこの本に巡り合われた多くの読者が、「方法は分かっているのに、なぜ上達できないか」というその「なぜ」も正しくつかめるようになり、「上達への道筋」が簡単着実に加速しだし、やがて80台、70台のスコアも、「普通」と思えるようにもなれるでしょう。

「健康寿命」も延ばせることで、「エージシュートが目指せる、楽しみなゴルフライフ」も、ずっと永く、健康体で、余裕の気分で続けることができるようにもなれるでしょう。

「自分相応」でのゴルフを悠々と楽しみながら、読者もやがて、「悠々のゴルフ人生」へと、「心身を枯れさせない方向」に、それが「普通の感じ」で向かえるでしょう。

そんな悠々のゴルフ人生は、「なぜ」を正しくつかみ、**「3点」**を備えて続けることこそが、それが叶うようになる**「革新的方向」**であり、そしてそれは、「読者のどなたもが、楽しみながらできる、身近で易しいことなのですよ」と、あらためて繰り返しておきます。

私は「もう1回の40年」を、「ゴルフのある、それを悠々と楽しめる40年」として、枯れずに、「それを目指して、楽しみながら過ごしていく生き方もまた、悪くない」と、日々を明るく悠々と過ごせているのです。そしてその過ごし方そのものが、「ゴルフも人生も、定年後が真におもしろい」という、「365日連休の、悠々の人生」ということにもなるのです。

「人それぞれ」ではありますが、「一度限りの我が人生」ならば、「90歳の頃の自分の姿は」など、その頃も「悠々とした姿」でゴルフなどが元気に楽しめている自分が想像できる、それが叶う楽しみな方向へと進みたいものです。

本書をお読みの皆さまも、それを「目指し」て、元気にお進みください。

（完）

あとがき

大多数のゴルファーが、どんな本を読んでも何年ゴルフをやっても上達できない、上手く飛ばせない、という悩みを抱えながら、苦労しておられるようです。

そうなった原因は、これまで無数に出版されてきた技術書などによる、上達には致命的といえる「プロの教えの100年の盲点にあった」、と冒頭で指摘し、その解決策を、「飛ばしの奥儀」すなわち「4時打法」として現実的に解き明かしました。この「4時打法」はやがてゴルファーの「常識打法」となって、ゴルフを、もっと楽しくさせてくれるでしょう。

また、「ゴルフはシナリオで上手くなる」という、「夢の上達マニュアル」として「ゴルフメモ」による上達法を、第2章でご紹介しました。これは、「上達法の100年の歴史を変える」とも明言できるものです。これで、「これまでどんなにゴルフの本を読んでも何年やっても上達が進まなかった」というゴルファーでも、易しく上達できる方向に、普通に、進み出せます。

そして、「分かってはいるが、体がいうことを聞いてくれない」という多くのゴルファーにも、それが身近に解決できる「健康ゴルフ」の方向も、現実的にご案内しました。

この本は、上達法の新しい方法のこの「3点」を備えて進むことで、老若男女を問わないすべてのゴルファーのゴルフは、これからもっと楽しめる方向へと、普通に進んでいけますと、読者の誰もが実行できる身近なやり方を、具体的にご案内したものです。

そして何より、読者には「90歳の頃の自分の姿は」などと、それを「楽しみな姿」として考えられる過ごし方や、それを叶える「はるか将来への道筋」も見つかることでしょう。

「それを目指して、楽しみながら過ごしていく生き方もまた、悪くない」

この言葉で、「ゴルフを楽しむ人」の新しい「生きがい」や目標も生まれ、読者の人生は、現在も、そして将来も、「グンと明るい、悠々の生き方ができる」方向に、きっと進めるでしょう。

その方向にご案内しましたこの本が、読者にとっての「何よりの本」そして「人生の宝物」になりますようにと、願ってやみません。

本書の出版にあたり、瓜谷綱延社長のご理解と、編集をご担当頂きました、佐々木春樹編集長とスタッフの皆さんのご尽力を得ました。

ここに、その感謝の意を表します。

二〇一五年一月　　　　　　　　　　　　梅本晃一

著者プロフィール

梅本 晃一（うめもと こういち）

健康ゴルフ著作家
1942年、熊本生まれ。

2002年９月にキヤノンMJ㈱を定年退職後、執筆活動と、ゴルフなどの趣味を楽しむ人生に入る。

会社勤め時代から月イチゴルフを続け、プロのレッスン書を読み漁るも伸び悩み、その教えに疑問を持つ。その後上達理論を独自に追究。「月イチでも70台」となれる易しい上達法を確立した。

著書に『シングルになれる人の生活習慣』、『エージシュートが狙える人の生活習慣』、（いずれもゴルフダイジェスト社）などがある。

現在、70代前半からのエージシュートを目指すとともに、「90歳を過ぎてからのエージシュート」という自身の究極の目標達成を、楽しみながら目指している。

プロの教えの「盲点」をつく
ゴルフ 夢の上達スウィング

2015年３月30日　初版第１刷発行

著　者　梅本 晃一
発行者　瓜谷 綱延
発行所　株式会社文芸社
〒160-0022　東京都新宿区新宿１－10－１
電話　03-5369-3060（編集）
03-5369-2299（販売）

印刷所　日経印刷株式会社

ISBN978-4-286-16437-3